沧桑风度

于国家 ◎ 著

河海大学出版社
·南京·

图书在版编目（CIP）数据

沧桑风度 / 于国家著. -- 南京：河海大学出版社，2024.1
ISBN 978-7-5630-8854-6

Ⅰ.①沧… Ⅱ.①于… Ⅲ.①于国家－自传 Ⅳ.①K825.38

中国国家版本馆 CIP 数据核字(2024)第 042913 号

书　　名	沧桑风度 CANGSANG FENGDU
书　　号	ISBN 978-7-5630-8854-6
责任编辑	吴　淼
特约校对	丁　甲
装帧设计	林云松风
出版发行	河海大学出版社
地　　址	南京市西康路1号（邮编：210098）
电　　话	(025)83737852(总编室)　(025)83722833(营销部) (025)83787476(编辑室)
经　　销	江苏省新华发行集团有限公司
排　　版	南京布克文化发展有限公司
印　　刷	南京工大印务有限公司
开　　本	710 毫米×1000 毫米　1/16
印　　张	15.75
字　　数	225 千字
版　　次	2024 年 4 月第 1 版
印　　次	2024 年 4 月第 1 次印刷
定　　价	128.00 元

出版说明

　　于国家是随着中国改革开放成长起来的一代财富风云人物，是政府表彰的杰出贡献企业家。他出身名门，宗族中古今不乏政要名流和科学文化大家。于国家的童年充满了苦难和悲怆，曾眼睁睁看着妹妹在自己怀里饿死；青少年时期在建筑工地上打拼，历经九死一生。为了拯救濒临破产的大型国企，他带着小分队，背着铺盖闯广东，跟流浪汉同吃同住，历尽千辛万苦；他在海南大展宏图，用两条被竞争对手砍了几十刀断成数截而重生并挺立的腿，走出了一条宽广的大道，直至越过重洋，将事业版图拓展到世界多个国家和地区。他的企业是中国援建非洲最重要的力量之一。他和团队打造的侵华日军南京大屠杀遇难同胞纪念馆等著名工程，凝固了人类的历史，也释放着他磅礴的家国情怀。如今，他执掌百亿集团"大地建设"，背靠广厦实业，心怀国家，面向众生，开启大爱慈航。

　　这本自传文学行文始终立足"小人物"的艰辛与悲欢，文字真诚、情感炽热，态度亲切，形同一部大散文，它的价值更在于传递一代人心灵的力量，而不是成功的荣耀。这，值得我们阅读和思考。

"国家"这个词看起来既宏大又具体，听起来既威严又亲切。"国"和"家"是两个连体词，虽然也是两个单独的词，但拆开后每个词都显得单薄，"国"就像一张干巴巴的地图，"家"就像一栋孤零零的房子，放到一起马上就是一幅壮丽山河与生动家园交相辉映的景象，能同时激荡出我们内心的豪气与柔情。

—— 于国家

目录
Contents

001 | **序一**   有艰辛才有荣光（于俊崇）
007 | **序二**   贴近（丁捷）

001 | **第一章**   于国于家结初心
031 | **第二章**   飞翔在彩虹之上
067 | **第三章**   我心纵横
093 | **第四章**   到中流去
129 | **第五章**   大地慷慨
155 | **第六章**   风度恰是风与度
187 | **第七章**   滴水荣华
211 | **第八章**   长路与远方

序一
有艰辛才有荣光
于俊崇

于国家写了一部自传《沧桑风度》，他把书稿发给我，希望我帮他写个序。盛情难却，不容推脱。我看了书稿，内容真切、感人，脑海中不断浮现出于国家多年来坚持不懈、孜孜以求的许多往事。他作为大地建设集团30多年的领导者，伴随集团从无到有、从小到大、从大到强，这艰苦曲折的奋斗历程，的的确确值得回顾与总结。

一个人成功与否，原因多多。各人资质禀赋的差异是原因之一，但差异对成功的影响究竟有多大，是一件很难说得清楚道得明白的事情。有人说，机会只垂青有准备的人，这句话是颠扑不破的真理。比如，身处大的动荡不安的时代，有一些人照样能够弦歌不辍，静心研学，做出令人惊叹的成就。众所周知的西南联大，是在战火纷飞的年代由北京大学、清华大学和南开大学内迁组成的。地处西南一隅，条件极为艰苦，但师生们并没有因战争持久、轰炸不断而放松学业，学子们在老师们的感召与引导下，孜孜以求，珍惜光阴，尽可能地多学本领以贡献国家、服务社会，结果走出了众多大家、名流，包括两位诺贝尔奖得主、5位最高科技奖得主、172位两院院士，令人敬仰不已。所以，成功的关键最为重要的还是自己的努力。于国家在自传中，讲述了他人生中的几次突破，都是在困顿无路的时候，由于坚持才出现转机，甚至还遇到几乎"置于死地"都因执着而"后生"的情况。由于谦和的品格，他把事业渡过每一个难关并腾飞发展的功劳都归结于"国家的好政策""时代的好氛围"和众人的热心扶持。但幸运的苹果不会砸在一个无缘无故的路人身上，于国家个人永不懈怠的奋斗精神和他的人格魅力，是他事业发展、腾飞不可或缺的精神支柱。当然，任何优美的交响曲从来都不是一种乐器独奏或由指挥一人完成的，都是在乐队指挥的指挥下由多种乐器共同合奏出来的。所以于国家把他的成功和大地集团所取得的辉煌归于时代的好政策和众人的扶持，也不无道理。

　　一个人的成长深受环境因素的影响，历史上孟母三迁的故事讲的就是这个道理，一个人的成功，当然也会深受所处大小环境的制约。若被限制流动，束缚在一个地域，画地为牢，再好的天赋也会白白荒废，再多的机会也会悄然而逝。俗语说"时势造英雄"，说的大概就是这个道理，"时势"就是大环境。贾府里的焦大很难理解林妹妹的哭哭啼啼伤春悲秋，美国的石油大王难以体察旧社会北京京郊捡煤渣老太太的心酸。本该是受教育的难得韶华却因种种原因而去战天斗地，之后再怎么补救也毕竟是时过境迁，明日黄花，不比当时的青春盛年恰在其时。从这个角度来看，我们感喟汉唐盛世，但也遗憾乱世的马乱兵荒、众生的人如草芥。看曹操父子的文字，让我们生发多少兴亡之慨！读杜甫的诗章，使我们一掬痛心之泪。盛唐气象之后，是残唐的破败无奈大局如斯，是五代的黑暗如长夜混乱如麻。覆巢之下，焉有完卵？这是说大环境。而小环境的营造，也绝非轻而易举。我们考察每一个成功人士的背后，多得益于大环境的"扶持"，更得益于小环境的"滋养"。我的家乡在盐城市滨海县，过去甚至直到改革开放以前仍属典型的穷乡僻壤，经济十分落后，但人们普遍有读书重教的见识，这在小环境里是难能可贵的。于国家发自内心感恩故乡的小环境，能在自己童年和少年时期，在贫瘠的故土上获得第一口营养——上学的机会，虽然很苦，而正是这种营养成就了他的未来。所以他把这种营养称为"初乳",是初乳养育了他的初心。土地贫瘠,但老区(滨海县属老解放区)人的精神不贫瘠,甚至更坚强,更上进,感情和文化都有深厚的积淀。从故乡走出的我们,都感恩故乡"初乳"的哺育。

一个人的成功,离不开意志力的坚持。人之所以为人,有别于其他灵长目动物,是因为人有特别的意志力。老当益壮,宁移白首之心;穷且益坚,不坠青云之志。不说拿破仑、丘吉尔等政治人物的历经磨难百折不回,不说科研人员的皓首穷经惨淡经营,一位企业家、实业家的成功也莫不如此。当年的张之洞、张謇、卢作孚、范旭东、无锡荣家,创办实业,披荆斩棘,遭遇了多少艰难险阻?如果没有过人的意志力,他们怎么可能构建起自己的企业群体,成就中国近代实业发展的巨大进步?没有钱学森、邓稼先、钱三强等人的顽强意志,不惮于一次次失败,新中国的高科技怎能有今日局面。梅花香自苦寒来,于国家的成就,同样归功于他的坚忍不拔,就像他建造的那些高楼大厦一样,别人看到的是建成后的"雄姿",在他眼里,却全是一砖一瓦、一沙一石堆积起来的艰辛。没有一项辉煌的事业,不付出艰辛就能取得。彩虹总是在风雨后才出现,于国家今天的成功,就是他坚忍不拔克服无数艰难险阻后取得的。

一个人的成功,与他本人所在的家族究竟有无关系?关联度到底有多大?我不敢妄下结论。但觉得多少有些关联,可以进行探讨。不是有不少人研究一些名人的家族现象吗?曾国藩家族,梁启超家族,江南常熟的翁家,还有受人瞩目的杭嘉湖平原的钱家,等等,似乎都说明了家族文化连绵不断的影响。我们于姓历史上也不乏名垂千古的名人,且不提汉唐时代有多位于氏宰相,到了明朝有一代名臣于谦,清朝康熙皇帝盛赞的清朝第一廉吏于成龙,民国时期的大书法家于右任,以及当今的共和国勋章获得者于敏等,有的是忠心报国、清正廉洁的国之栋梁,有的是学富五车令人敬仰的知名学者。在他们身上无不看到于氏祖训"十诫"的影子。从于国家的奋斗经历中,似乎也能看到家族这样的血脉相连，这样的基因绵延，这样的镜鉴在前，这样的开枝散叶。有无互相砥砺彼此感召的因素在？有无恪守祖训你追我赶的内在动因在？潜移默化，于无声处，我想，多少总有渊源相系的吧。这也是我们今天，整个民族都在强调文化自信，强调传承优秀传统文化的原因吧。

于国家正是一位忠实传承并发扬了中华优秀传统文化的人，他一直坚守在"修身齐家治国平天下"的人生之路上，砥砺前行，未曾闪失，终于达到了很高的人格境界。他是我的族侄，小我14岁，在家谱中可以查到我俩。作为他将近70年人生的最完整的见证者，放下宗亲关系里"一己私念"的偏爱，那就有足够的资格来评论他。客观地说，虽然他从事的不是传统士大夫限定的文化教育类工作，本职不是"传道授业解惑"，而是实业，但从国家情怀、社会贡献和个人精神品格的层面进行考核，他算得上是一位合格的当代"士大夫"。清华大学资深教授彭林先生给现代士大夫出了一张"人生试卷"，用学识、德行、操守、作风、抱负、担当六道大题目，对当代社会精英进行检视。对照看来，我认为于国家已经考出了优秀的成绩。

由于历史原因，于国家没有受到完整的高等教育，却幸运地没被时代耽误。他自幼刻苦好学，少年时他过继给我的族兄，后来以优异成绩考上了盐城重点高中。高中毕业后赶上"上山下乡"，然后又进城当了建筑工人，但无处不是"课堂"，让他成长为事实上的"高知"。青年时代他通过自学拼命补课，并得到组织培养，到南京师范大学和东南大学深造。平日里他酷爱读书，喜欢钻研，不管白天劳动强度多大，都会秉烛夜读。青壮年时代，他学有所成、术有建树、勇于攻关，显示出坚实的科学文化基础。他用自己的学识，培育出一个优秀的企业，并将自己的发明创造，推广运用，使整个建筑业受益。他也得到了国家的肯定，成为享受国务院特殊津贴的专家。

于国家也是一个德高行美的人。"士，有道德之称"，并非事业有成就能称"士"，今天的社会，不缺有事业的人，而是缺道德、事业都优秀的人。他善良、大度，无论对家人、亲朋、员工，还是对芸芸众生，无不充满宽厚之怀、仁爱之心。他的善行善举，几乎贯穿了他的整个人生。我们从这本自传里，就可以找到若干具体事例：他捐资助学、兴办产业、帮助家乡改变落后面貌。他同样是一个操守观特别强的人，无论面对何种艰难困苦，都能保持本真情操，始终保持初心，按中国传统的道德标准为人处世，贫贱不移、富贵不淫，保持朴实、诚信的本质。不管是在国有企业担任领导干部，还是创建自己的企业，他都把维护国家利益、集体利益放在他的个人利益前面。曾经有人用巨资收买他，用凶器捶杀他，利诱威逼都没能使他做任何一件损公肥私、损人利己的事，没有给自己的人生留下污点。"壁立千仞，无欲则刚"，他严于律己，奉公守法，为了企业的发展、为了建筑业的进步，呕心沥血，奉献了青春韶华。他胸怀宽广，爱国爱家，先国后家，敢于担当。在大地集团和整个建筑业发展的困难期，他挺身而出，走南闯北，屡经波折不放弃，持之以恒勇打拼，一次次打开事业局面。广东的深圳、珠海，更有海南省的6年经历，他身历险境的惨痛劫难。但劫后余生，事业更为蓬勃，他领导他的企业在曲折中发展壮大，业务不仅遍布全国，更拓展到中东、非洲、欧洲等地区，众多著名楼宇都镌刻着"大地建设"的名字。

在这样的不断努力中，在这样的环境颠扑中，在这样的意志磨砺中，在这样的大情大义中，于国家这个原来的"于国枋"凤凰涅槃，成就了一番并非轻易可举的事业，为社会作出了不可小视的贡献。功成名就之后，他视所经历的沧桑为机遇，视所取得的辉煌为平淡。如此宽阔的情怀，可以说，他为当今混沌不清的"成功学"注入了清新的价值，增加了精神含金量。这也是我向广大读者推荐《沧桑风度》这本书的底气。

人生短暂，如白驹过隙。在于国家即将迈入古稀之年之时，实事求是地回顾、总结自己的一生，喻世后人，很有意义。由于我俩都出生、成长在苏北同一个贫穷落后的农村，他出生后的苦、成长期的难，我都有深刻体会。

虽然我们从事的工作不同，创业之艰辛、奋斗之苦累，我的经历不及他百分之一、千分之一，但亦有"同病相怜"之感。不过，毕竟是"隔行如隔山"，我很难清晰描述于国家的人生"沧桑"，更难准确解读于国家的创业"风度"，仅根据对于国家的点滴了解和读完书稿后的粗浅体会，有感而发，但愿对读者有所助益。

是为序。

2022 年 4 月 28 日于成都

序二
贴近
丁捷

文学自传是成功者写给别人看的，但那些可以打动别人的作品，一定首先是写给自己和自己最亲近的人看的。大概在三年前，于国家先生在跟我的一次闲聊中，透露了他尽快退休和写一部自传的愿望。对身体健康、精力旺盛的民营企业家来说，65岁退休似乎有点早。难道是"廉颇未老心已衰"？我担心大地集团这艘由他亲手打造和领航几十年的巨舰，别人一时能否驾驭得了。于先生告诉我，他不是"累了"，而是意识到，人最好在激流中勇退，要相信后人，也要给年轻人的成长留出足够时间和空间。再说，还有一件更重要的事提上了日程，这就是要好好梳理一下自己的大半生，写一部自传文学，在70岁前作为礼物送给自己，顺便也给家人，给大地集团的员工们，给关爱他的众亲友一个"人生的交代"。我觉得他退休的意图和对自传的认识，都是比较正当的，有格局也有智慧，因而替他高兴，为他点赞，并在此后的几年，作为他引为知己的忘年交，密切关注着事情的进展，在一旁为他加油。

现在，我终于见到了书稿，并有幸与他的堂叔、中国工程院院士于俊崇先生一起，成为最早的两个读者。于国家先生因眼睛不好，只能用A3白纸和粗一号的签字笔写大一些的字，写得很认真，一笔一画，字体方正，一部书稿累积到尺把高。春节假期正是最好的阅读时间，整整三天，我坐在这堆稿子前，沉浸其中，欲罢不能。的确没有想到，我熟识了20年的"老大哥"，那从来都是平和、淡定的面貌后，竟然深藏着如此波澜壮阔的人生，掩抑着如此博大起伏的情感。他让我在深处、在远处重新认识了他。综合平素交往的印象，他的形象在我心中变得更立体、更亲切、更厚道、更平实。他是个了不起的人，他做出了许多常人不及的大事业，最终展示给我们的却是抹去荣华，唯有沧桑，抒写的尽是众生共恃的艰辛、朴实与悲悯。鲁迅先生说"须仰视才见"，称赞的是小人物的高大精神。今天的于先生不算是很小的人物，但其一直停留在他的初心里，数十年来用卑微的姿势，负重匍匐着前行。我想，他当然配得上"须仰视才见"。

于先生的初心是一把锁。正如他的乳名"国枷"一样，父亲给他最初的教育就是做"国"之"枷"。既然"枷"被赋予一种情志，那它象征着什么？象征着坚守，象征着捍卫，象征着稳固。从个人层面解读，就是传承和坚守优秀的于家基因和中华民族传统美德，为自己的成长打下坚实的意志品质之基。从更高的层面解读，国家、"国枷"，国字当头，个人的抱负必须与"效国"紧紧结合。成家立业的内涵，既有小家也有国家，既有个人成就也有国家大业。这是父亲用一根树枝，在他人生出发的时刻，书写在大地"黑板"上的第一课。于先生的这一课学得很扎实，入脑入心，入终身之行，从未抛却。这把锁始终没有生锈，没有松动。这也是他的意志坚如磐石、人生稳如大山的根本。这是《沧桑风度》给我的首要启发。

于先生的人生是一支梭。他青少年时期在无比艰苦的成长环境中，总是仰望天空，怀揣梦想，脚下多是泥泞，眼里却常是彩虹。他从老区滨海小村走出去，在盐城读书和插队劳动，在南京搬砖扛包8年，到深圳、珠海闯荡，一辆自行车骑行出广阔天地；他"亡命天涯"，血染海角，拒绝"一夜暴富"的诱惑，筑起人格的高楼大厦……他纵横驰骋，来往穿梭，终于把自己的青春梦想，编织成美好的现实。他的沧桑人生，堪称为理想而奋斗成功的教科书。

于先生的事业是一架犁。他选择了迎风沐雨、披寒戴暑的建筑业，锲而不舍，守土深耕，无怨无悔。改革开放创造了中国奇迹，借着这股春风，这一代企业家、实干家也创造了多姿多彩的个人事业奇迹。于先生和他的团队，在中国、在世界破土筑城，以千栋大厦、万间宽宅，赢得十数鲁班奖、百多高荣誉。大地奇迹，荣光闪耀。而于先生从不留恋颁奖台，几十年如一日，躬身于事业，从添砖加瓦的点滴，到科技攻关，研发中国建设行业标准体系的宏业，事无巨细，倾心尽力，可谓呕心沥血。因而，人们称他是"百亿身家的工头"，政府授誉他"杰出贡献企业家"称号。我也要送他几句诗："万亩良田稻翻浪，千间优库米飘香。大地华章唱锦绣，精耕细作是犁头。"当我们为国家的崛起、社会的进步，在丰收的田野上载歌载舞的时候，我们的赞美诗，当然应该赠给深扎在土地里的犁，那才是事业的主角，才是写就华章的锋利笔头。

于先生的生活是一把琴。他厚生爱子，重情重义，也收获了家庭幸福、儿孙满堂、朋友遍天下的生活品质。他忙于事业也不耽误家教，两个儿子在他的精心培养下，品端行正，学有所成，事业都小有成就。大地集团每一名职工，他都视同亲人，企业收益中大量开支用于对职工的帮贫助困，这也是大地团队大而不散漫、充满凝聚力和战斗力的缘由。他广交朋友，从故乡到天涯海角，从居住城市到异国他乡，他工作过的任何地方，都有一批志同道合、真情真意的朋友。朋友不单助长了他事业的长青之树，更重要的是浇灌了他的纯真心灵世界。他多次对我说，他的慈悲情怀，他的博爱心灵，都是在天下交游中，你滋润我、我影响你，不知不觉中形成的。我们共同的好友、著名书法家管峻先生曾对我这样描绘于先生：你看他气定神闲，其实他心潮激荡。这种个性表现在生活中，就是他对个人财富与浮沉的荣辱不惊，对他人悲欢、对国家兴衰的殷勤关切。他这把琴弹奏出的生活之音，既有入世的激悦，又有出世的超逸。他兴趣高雅，喜欢读书，痴迷收藏，他做这些并不是附庸富人俗套的风雅，这种兴趣从他贫穷的青年时代就开始了，是从被窝里的手电筒与小巷的路灯下开始的，从省吃俭用、啃着冷烧饼喝着小河水骑着自行车一日百里去淘跳蚤市场开始的。今天我们欣赏他洋洋大观的宝藏，致敬这些宝藏承载的文化历史时，也应该致敬他个人的功德和苦心。

于先生的使命是一粒粟。春风肯化雨，润田几多顷。他在历经千辛万苦，取得事业成功，走上人生高坡时，没有去及时行乐，"犒劳"自己，享受功名，而是选择了从"奉献给远方"的长路上返回——回归自己的初心，回馈哺育他的故乡和成就他的社会。人生的弧度画得再大，起点能够对接终点才能形成"圆满"，他践行出高贵的人生哲学。他把自己的思想、风度和大爱，浓缩成一粒种子，植入宏伟大地，种入广大心田。这部书反映出，在已知天命之年后的于先生，自然而然从世俗意义上的"大人物"，落定为一位凡间的"布施者"和"布道者"的历程。他因而也实现着使命，兑现了价值，找到了自我，摸到了自己命运交响曲里的澎湃心跳。

显然，这不是当下流行的世俗成功学的"贴金书"，更不是一部炫耀履历、展示财富的"烫金书"。于先生把精英们在文字里惯常披戴的那种冰冷而华丽的衣帽，一把扯下，用自己赤裸真实的、千疮百孔的真心，来贴近我们。他与我们有共同的热度，伴奏的节律，相通的悲悯。他给我们的感受就这么直白，就这么亲切。那些打动我们的人生细节，其实或多或少都曾在我们自己或亲人身上发生过。只是，于先生的沧桑里，这种细节特别多，堆积在一起，成为这部自传的独到厚实。许多地方让人热泪盈眶，许多地方甚至让人不忍卒读。跟他的为人一样，《沧桑风度》亦是一部勇敢、赤诚、大气的作品。

认识于先生是一种幸运，认识文字里的于先生，更是三生有幸。

2022 年新春，东大以西南大以东

第一章

于国于家结初心

> 人生的第一口奶叫初乳,它的味道是苦的,所以"苦"是人的第一营养,她是母亲用身体传授、教化于我们的。所谓强大的人生,基本上都是吃苦加奋斗的结果。
>
> ——于国家

第一章 于国于家结初心

一

2021年初春,我在大地集团澳洲分公司巡视完在建工程后,转飞新西兰奥克兰签约,签约了两栋大楼的工程项目书,并在二月底的一天连夜飞回国内。飞机一降落上海浦东国际机场,我一路靠兴奋掩盖的奔波后的疲劳,从钉着多块钢板的体内,席卷而上,差点把我扳倒在机舱的座位上。我在乘务人员的帮助下才站立起来。下机后决定在上海待几天,再回南京。我就地入住上海的威斯汀酒店,"慰劳"一下18个小时长途劳顿的身体,顺便也想回访一些大地集团承建的工程——这几乎成了我近几年的习惯,到任何城市,都要去看一看我们的"作品",做一个暗访,了解它的使用情况,特别是听一听业主的意见,这些都是对我们建筑人有用的资讯。

在宾馆休息了几天后,我忽然开始烦躁不安起来。我发觉自己是一台一直高速运转的发动机,零部件已开始老化,却由于惯性,一刻也停不下来。

我给家人打电话,他们都宽慰我,让我一定多休养几天再赶回家,公司和家里的事都安排得有条不紊,不用操心。我妻子对我说,只要清明节前赶到南京就可以了——她知道我这个人传统观念深,尊宗敬祖的事不能耽误。

的确,每年春天祭祖,是我所有大小事务中的重中之重。放下电话,我开始考虑如何安排相关事宜。我想,今年无论如何得回滨海老家一趟。2020年因为疫情,没能回乡。这件事成了我的一个心结,一直难以放下。

当天夜里,我失眠了。那通向老家的弯弯曲曲的路,从我的记忆深处延展过来。苏北大平原的背景上,纵横交错的水渠,杂草丛生的河道,乡野乡炊,故事故人,像电影一样浮现在脑海中。搬运着洋货的爷爷,摘下礼帽回

沧桑风度

应着热情乡人的招呼；骑着二八大杠自行车的父亲，风尘仆仆；母亲从地里回来，放下草篮，拿起她心爱的故事书，翻阅着已翻烂了的页面；姐姐劳动回来，弟弟们放学回来，老宅的院子里人声鼎沸，充满了生机；东家的伯父过来送几个南瓜给我改善伙食；西家的大婶来向父亲借零钱，为女儿做一件新衣过年；老队长光着大脚，上门统计家里的牲口数；村口的喇叭播放着郭兰英、朱逢博的歌；后村的孩子拖着鼻涕，哭喊着叫爹妈，一个劲儿地喊饿；小学校长的中山装上口袋插着一支我们羡慕不已的英雄牌钢笔；我看到讲台上的彩色粉笔，课间擦黑板时，忍不住画了一道彩虹……

越想越兴奋，越是睡不着觉。到了我这个年纪，多少曾经生活过的地方，已经旧貌换新颜；多少有过交往的人一去不复返。生活的一半，仰仗积累的记忆，时光的些许，沉湎于酸甜苦辣咸的往事。

每次走到记忆深处，都会毫无意外地想起我的小妹妹，一个身材瘦小、脸色苍白、3岁时死在我怀里的小女孩。每次她从记忆里走近我，我都会设想，她有很多的话要告诉我，而我的内心充满了愧疚，也充满了喜悦。我要分享给她今天如此幸福的生活，然而我又为她已离开得太久，无法分享生者的一切而心痛。如果生命真的有奇迹，我想她会悲喜交集，流着泪喊我哥哥，紧紧地抱住我的脖子，诉说她这么多年无时无刻不在想念所有的亲人。如果她健在，除了她见过的父亲、母亲、哥哥、姐姐，她还会见到两个从未谋面的弟弟，她生在一个人丁兴旺的大家庭。

这时，像有心灵感应一样，我的电话响了，是大姐打来的。她听说我回国后在上海休息，担心我的身体。她不放心，虽然时间很晚了，但还是没忍住拨通电话，絮絮叨叨，说了一大段话。大致是说，就是要说句最紧要的话，人到了这把年纪，要是想不开放不下，就有算不完的账、干不完的活儿、了不尽的心愿，向天再借五百年、一千年也不够，所以不要累着，这个年龄该放下的可以放下了，捡最紧要的事做吧。照顾好自己的身体，培养好子孙，造福后代才是人的根和本。

大姐的话，及时而又中肯，真的是说到我心里了。我在黑暗中爬起来，独自坐到窗前，大上海虽是深夜，却霓虹斑斓，分明可见高楼林立，一片辉煌。在我视野的左前方，就能看到我的企业若干年前装修出的新的永安百货大楼。这座新中国成立前就建成的大楼，比起周围林立的高楼大厦，虽然不是那么高大气派，却有着历史沉淀的厚重气质，并经过改造翻新，显得金碧辉煌，它成为改革开放时期中国零售业的翘楚。永安百货大楼的改造建设，为大地集团在上海赢得了良好口碑。几十年里，大地集团在上海承建的楼宇超过两百栋。在全国和世界70多个国家和地区，我和我的团队实现的类似成功的工程，数以千计。国家改革开放40余年，正好也是我一腔热血走遍大地、一身汗水广种"博"收的40余年。感慨万千之中，我对着窗外灯光闪烁的城市，不能自抑地流下了眼泪。

是的，今天，如果给自己的人生装订一本事业功劳簿，厚厚的一册里，该有广厦万间吧。可谁又想得到，60多年前，在我人生出发的岁月里，我曾经眼睁睁看着自己的小妹妹，在我的怀里夭折，她合上眼睛前的呻吟，就是"我饿啊，哥哥……"今天的所谓荣华，掩盖不住我记忆深处永恒的伤痛。

一次歇脚休养带来的短暂沉静，一个个亲人的关心问候，无数浮起的久违的记忆，让往事和着泪水，从我的心头、从我的脸颊滚滚而下。

这才发觉，人生不到长路远，万千感慨未必见。

整整一夜，我再也无法入睡。

我站在酒店的窗前，开始沉浸在自己的回忆中。当黎明到来，朝霞喷薄在城市的上空时，我的内心渐渐透亮。我好像顿悟了什么。人生七十古来稀，现在人即便再长寿，"奔七"也绝不算是青春年少、野心勃勃的年龄。古今中外，无数先贤，站在这个年龄段上，在做什么？又对后人叮嘱过什么？"年长者的智慧，莫过于用亲身经历为年少者带来人生智慧"，这是流传千年的英国谚语，我在一本杂志上看到，记住了，却没有过多上心。南京，我生活了大半生的这座文脉流长的城市，1 500年前的南北朝大文人纪少瑜有句诗"残灯犹未灭，将尽更扬辉"，劝诫人老了，应该放射出更强烈的光芒。现在问问我自己，"更强烈的光芒"难道是再多盖几栋、几十栋甚至几百栋高楼大厦，做

沧桑风度

人生事业"量的叠加"？

　　白天，我一打开手机，就发现孩子们发来的祝福短信。尤其是孙子、孙女，发来了可爱的小视频，用动漫为爷爷跳欢迎舞。我这才发觉自己连续在非洲和澳洲奔走，好多天没有问候孩子们了。——其实，这些年，大多数时候，平时的节日，下一代的生日，夫妻之间的纪念日，几乎都被我忽略了。我有多少时日是在安静的闲暇时间与家人一起度过的呢？真是屈指可数啊。

　　"修养"了几天，我体内的钢板仿佛不复存在了，身子又变得轻盈起来，走路也感觉脚步带风。我赶紧离开上海，回到南京，回到华侨路上凝聚着我心血的大地建设集团总部大楼。在这栋大楼的第29层董事长办公室内，我开始调整集团管理架构，部署新生力量进入高一级管理层，把更多的岗位职责压给副手和团队中的年轻人。然后，闭门谢客，读书写作，梳理大半生浩渺如烟的往事。

　　我仿佛找到了另一条属于自己的光明大道，这条道路的两旁，站着我的亲人，我的朋友，以及千千万万的接续着我们家国之棒的年轻人。

　　千山万水，此情彼景；千言万语，国爱家珍。于我，一发而不可收。

二

　　当旧情新绪在我的心头翻涌时，我迫不及待地回溯到童年和故乡，生命经纬的这两个发端。

　　2021年清明节前几天，一场连绵阴雨，钉在我体内的钢板让我的身体隐隐作痛——自从海南创业期间遭遇了身体重创事故，从死亡线上爬回来后，20多年了，每年换季时期和梅雨季前后，我体内的旧伤都会疼痛加剧。从清明开始，进入五六月份的多雨季节，我基本上都是在与自己的身体作斗争中度过的。可今年，无论如何，我不能平静地躺着了。在上海的"如梦初醒"般的心思，让我的心沉浸在往事中，让我的情翻江倒海。我强撑着出门。我决定利用节假日时间回老家一趟。清明是生者缅怀逝者的节日，也是血脉相连的生者团聚的节日。我的脑海中，多名逝去的亲人，他们的音容笑貌，连同记忆中的老宅，轮番在我的眼前浮现。

我想起我那瘦弱不堪的妹妹，弥留之际躺在我怀里，小脸苍白，眼睛里露出绝望之光，最后连这缕光都熄灭了。她贴近我身体的最后的一点温度，慢慢退去，成为僵硬的寒冷。我一直这样抱着她，痛哭着。父亲回来后从我臂弯中接过她，坐在冰冷的地上号啕大哭。第二天，父亲在母亲无力的呜咽声中，用一件破棉衣包裹住妹妹，把她抱到几百米外的田野中挖了一个坑掩埋了。当天父亲和母亲坐在屋檐下整整一夜没有睡觉，次日早上，我看到他们红肿着眼睛，表情呆滞，头上落满了冰霜。我连喊了好几声"爹爹、妈妈"，他们才惊醒一般起身回屋……

我想起童年的饥饿、痛苦，它们留在记忆中的疤痕，如此的残忍和疼痛。

我想起自己小学入学前，父母亲狠心地让姐姐提前辍学了，因为家里无论如何，也供养不了两个孩子上学。姐姐一句抗拒的话都没说，只是每天偷偷地抹眼泪，眼睛都哭肿了。

我记得自己开蒙的那一天，在老屋的墙根下，父亲拉着我到他跟前，蹲下身，表情严肃地跟我说：你开始上学我就不能把你当小娃娃了，不管你能不能听懂，我今天都要跟你讲一讲我们这个家族，一个人的情感来自祖上。我也要讲一讲你的名字的来源和意义，一个人的责任心，从他开始书写自己的名字时，就应该建立。

父亲很少跟我严肃地谈心，所以那次他说的话，我刻骨铭心。我记得父亲指着老宅，说这里已经住过于氏家族数代人了。老祖宗百年前从山东迁至江苏苏州，后又有一旁支迁居此地，建房居住，随着家族壮大，不断在周边扩建，有了院子和分出去居住的儿孙们的多间附属房屋。

父亲还介绍了家族更久远的历史。从流传有序的家谱中可以看出，过去的于氏家族还是比较兴旺发达的，历朝历代都有名人出现。每20年修订一次的家谱，有书面准确记载的，可以追溯到 1368 年，家族口传的历史更早，可以追溯到汉代。汉代的丞相于定国，爱国恤民，刚正不阿，是传世名臣。明朝的大臣于谦，是被《明史》称赞为"忠心义烈，与日月争光"的民族英雄，与岳飞、张煌言并称为"西湖三杰"。民国政府高官于右任，是近代杰出的政治家、教育家、书法家。这些人都出自我们这个宗族。父亲说，等你读了足够多的书，你就会知道这些人物有多了不起了。他们为家族取得的荣光，世世代代影响后代，不光他们自己的后代，对中国人都有影响，可以说是为国家、为民族争了光。

没有人会真正死亡，会真正消失。父亲指着远处的坟地，一字一顿地对我强调，祖宗们都在盯着他们的下一代，甚至比活着的人更操心，他们在天有灵，我们活着的人不能侥幸混世，稀里糊涂地过一生，不管多么艰苦，都要拼命地劳动，为自己的家，也为这个国家，你这个属马的，就要马不停蹄地工作，就要一马当先，不能掉队，不能让家族在你这一代衰落。

我记得那天，他还从门前的树上折下一根枝条，在地上写下三个字：于国栅。他说，一个人识字、学文化是从读写自己的名字开始的，爹娘给你取了这个名字，你走出家门、走上社会，代表你的就是"于国栅"这个名，而不是爹娘口中的"儿子"。名字联系着名声，联系着你本身在别人心目中的分量，得靠自己去经营。父母只是给了你一个代号和隐藏在这个代号里的期望。

接着父亲给我讲我名字的由来，解释名字的意思。

那是中国传统纪年的一个甲午年的夏天，也就是 1954 年的 7 月，母亲在这个老宅里生下他们的第 4 个孩子，也是第一个男孩，那便是我。不幸的是，前面的三个孩子中有两个因为战乱等夭折了，只存活下一个女孩，就是我的姐姐。我一来到这个世界，虎头虎脑，看上去很健康，这给于氏整个家族的人带来了美好的希望，大家自然对我珍视无比。虽然家里很穷，全家人还是开设宴席，好好地庆祝了一番。

按照民间习俗，父母请村里的高人给我看相，并物色了村里一位德学兼备的长者刘先生，给我当干爹。找姓刘的人当干爹，是一个刻意的选择，是因为"刘"与"留"同音，有一个好的寓意，希望能够将我"留"住，不要重蹈覆辙，发生夭折等意外。为了给我取一个好名字，办喜宴的几天，父亲一直在琢磨。按照家族的辈分，于氏到我们这一代应是"国"字辈，父亲首先想到"国家"这个词，他觉得一个人，个人的抱负如果能与国家紧密联系，这样的抱负才有价值，也才能实现。但他觉得"国家"这个词"太大"了，担心自己的孩子，一个乡野小男孩，撑不起这个名字，所以他想到了谐音的"枷"。这个字让他非常兴奋，"枷"不就是"锁"吗！锁住，不就是留住吗，字义里明确了保障孩子的生命安全，谐音"国家"又隐含了父辈的期望和子辈的抱负，多好啊。因而我被正式取名为"于国枷"。

父亲还到街上打了一把银质枷锁。希望能用"枷锁"，将这个儿子长久地"留"住，并培养成于国于家有用的栋梁之材。

父亲说到这里，我才恍然大悟为什么从记事时起，我的脖子上就戴着一枚银枷锁。原来，枷锁本质上不是我的首饰，而是父辈代表自己的家族，给我赋予的一种生命意志和人生祝福。

老屋前父子对话的那一幕场景，所有的细节，所有的话，一直陪伴我以后的人生，从来没有被淡忘过。回顾我的童年，妹妹在我怀中死去，以及父亲解释我的名字，大概是我人生真正的开蒙。一个人一生要相遇相识无数的人，但没有与谁的相处产生的触动能超过妹妹在我怀中的那短短的一刻；一个人一生要无数次签写自己的名字，因为有了父亲用树枝把我的名字写在大地上的那一刻，才有了我竭尽一生心血，从"于国枷"做到了"于国家"，并真正让自己的名字，成为"大地"事业的创立者。

在近古稀的生命之途上，我迫不及待地要放慢脚步，回望一次自己的童年、来路和故乡老宅。

三

清明假期的第一天,我一个随行人员也没有带,只让司机驱车送我,只身回到故乡。

到了过去由我捐资修建的那条通向乡村的公路路口,我便下车,步行前往村庄。我要寻找人生来路,感受我从这里走出去的记忆情形。

今年是个热春,气温与炎夏无异,当老宅出现在我视野里时,我已经气喘吁吁,浑身被汗水湿透了。

67年前的夏天,我出生在江苏省东北部盐城所属的滨海县东坎镇近郊这座于氏祖上传下来的老宅里。老宅是典型的北方大户人家的居所,形制相当于北京的四合院,只是比四合院少设前面的倒座房。左右两边是厢房,正北朝南是主卧。前面是围墙和大门,大门外面有水围,水围还有个闸口,水围内外长满密密匝匝的钢菊针树。我能够想象,父辈小时候在树林间奔跑,在水围子里蹚水的情景。而我小时候,虽然水围子和成片的树林已经消失了,但老宅在我眼里依然是那么幽深,那么富丽。我在房里跟弟弟妹妹捉迷藏,在屋前屋后嬉戏打闹,在留下的几棵老树和新栽的小树之间,在菜地的埝子上,快乐追逐。雨后,田地里低洼的地方跟沟渠连成一片,我在那里发呆,看小野鱼"参白条"在水面上梭子一样游来游去。

原先的老宅有几组房子。直到现在,家族变迁,几代人长大后有的远走高飞,留在老家的也分家立户,分得的房子拆的拆,改的改,重建的重建,幸运的是,老宅的核心部分保留了下来,基本风貌也没有变。我的大伯和二伯去世了以后,他们的子女,就是我的堂哥还有我的堂弟,就把属于他们的那一部分老宅给拆平了,因为子女后代都搬迁了,近的到滨海县城、如皋县城等地,远的去了南京、广州甚至国外工作和生活了,不需要再保留旧居。

但是我的父亲从我爷爷手上分得的那一栋，如今由我留在农村生活的姐姐维护着，虽经大半个世纪风吹雨打，数次修缮，但有心的姐姐和她的家人特别注意不去破坏原样，所以一眼可以看出当年的雏形来。老家苏北乡村相对闭塞和经济发展的滞后性，恰恰保护了我们许多的过往"印记"。如此，老宅才得以以原貌局部保留了下来。如果是在大城市，经过这几十年暴风骤雨式拆迁建设的时代浪潮，老宅可能早已荡然无存了。

最幸运的是，那个水围子的"轨迹"还在。虽然围子消失了，但填平的地方，家族中的每一个后人，几乎都能够在心里画出它的大致方位。不知是不是得到祖荫的特别庇护，印象中这一片地里无论长什么，都十分茂盛，眼前那小树林和庄稼就显得生机勃勃。走进去，微风拂面，凉爽宜人。

二弟听说我回乡，一大早也从南通的如皋城赶回来，在大姐这边等我。他陪着我在"水围子"故址四周走了一圈又一圈，跟我一起回忆童年那些共同的经历。我8岁之后，又有了一个妹妹和两个弟弟。人多粥少，一大家子的生活是贫穷的，但这老宅、这片树林、这片田地和它们之外的乡野，给我们的童年带来不少快乐。我们赤脚奔走在大地上，嬉戏，上学，脚心感受着寒来暑往的冷暖，在不知不觉中长大了。祖先给了我们庇护，故土给了我们滋养，风物伴着我们成长，陪我们来来往往，送我们各奔前程。

我们的大姐辍学早，文化低，生活把她磨砺成一个性格温厚、与世无争的老实人，不像我们几个男孩年轻时那样浑身充满"鸿鹄之志"，决意要出去闯荡。她一辈子留在老家，过着日出而作日落而息的生活，养儿育女，看家护宅。她是个忠于家族、忠于传统的好人。每次我们回来探亲，她都要带着我们看老宅，帮我们在记忆中"恢复"祖产的全貌。还有二弟，他算是离老家比较近的"外乡人"了，只要姐姐告诉他，亲戚中谁从外地回来了，他就马上丢下手头的事，开车回来陪一陪。他对于家历史上出了哪些知名人士如数家珍，比任何人都清楚。他也为当今族人中的于广洲等人成为政府部门高级领导干部感到骄傲。作为他们的弟兄，我艰苦奋斗，大半生拼搏成就了百亿企业大地建设集团，更是姐姐和二弟在老家津津乐道的话题。但我留意到，他们"炫耀"的从来不是我们的"地位"有多高、"财富"有多大，而是祖先爱国敬业、忠厚传家的教化。

二弟指着老宅对我说："我虽然没有多少文化，一辈子待在小地方，没有见过大世面，但我知道我这个家族是有文化的，亲族中留在老家的人不多，所以我和大姐在老家就是一个守土守家的人，我们有责任保护老宅，宣扬家风家德，这对我们、对家里的世世代代，甚至对国家，也是有好处的，我自信这也是在为社会作贡献。"

每次回来，我都会跟着他们重走老宅周围的这段路，重听他们重复的这些话，每次我都乐此不疲，每次都有深深的触动。

村主任和许多邻居，听说我回来了，纷纷过来问候。在跟他们的闲谈中，我得知老宅这一片，已经被县政府规划成"湿地保护区"，老宅可能面临拆迁，至少无法再恢复性扩建。我听了这个消息之后，一阵揪心之痛。大姐愧疚地看着我说："对不起，弟弟，我怕你难过，大老远跑回来得这么一个坏消息，所以没跟你透露，也让二弟先别告诉你，反正你回来就会知道的，我们一起拿个主意。"

我使劲平复了自己的心情，拍拍二弟的肩，又一个个递烟给村主任和乡邻们，给他们点上，认真地对他们说："请村主任转告县乡政府领导，国家国家，国在前家在后，湿地保护事关故乡生态，我们完全服从并支持，决不再想着扩建老宅，如需要拆除，我于国家兄弟也义无反顾！"

村主任很感动，后来告诉我，我那个表态实在是帮了政府大忙。政府的相关人员表示，我们这样的家族，愿意放弃老宅，积极配合地方政府工作，真是带了一个好头，有很好的示范作用。原先县里最担心这片土地上的老百姓不肯配合呢。

四

中午，我和二弟在姐姐家吃饭，姐姐烧了一桌子土菜，咸鸭蛋、芋头烧肉、煮花生、糯米团子、滨海香肠，都是小时候我们神往却很少能吃上的美食。二弟从床下面摸出一瓶五醍浆老酒，说是珍藏了30年了，今儿一定要一起喝掉，以后也许就没有在老宅一起喝酒的机会了呢。

老酒果然浓香醇厚。大半瓶酒下去，两个人的话越来越多。围绕的都是家事、国事、天下事。亲人间的回忆和叙述，最能修复家族的记忆，也能提炼家风的精粹。兄弟俩约定，要把家史好好传承下去，要把家道清晰地理出来，留给后代。

于氏家族从苏州阊门迁至此地居住，已有数十代人了。历史上的于氏家族一直兴盛不衰，名人辈出。现今，于氏家族后人，从政、从商、从军的皆有，其中也不乏名人大家。支撑这个家族文化脊梁的，当然是家族中的杰出人士，但养育这个家族的，还是每一个勤勤恳恳的普通家人，他们是这个家族世世代代的骨肉。

我一生从商，因而在家族先辈中，我特别崇拜我的祖父，他是他那个时代杰出的商人，也是一位"亦农亦商、可农可商、因时制宜、因地制宜"的高人，更是一位目光长远的智者。

不到20岁时，祖父就在农闲时节，带着叔叔、侄子、舅爷们，去闯荡上海滩——那时候叫"跑单帮"。到了农忙时节，再回到苏北务农。那个时候条件艰苦，没有一条像样的路可以走出滨海、走出盐城，必须靠乡村土路和水路，间季行走，交替运输货物。那个年代更没有机械化的交通工具，出行靠驴子、骡子驮，靠驾驶小骡车，木轱辘在又窄又颠簸的路面上负重前行。雨季行水路，小木船吱吱呀呀地划出去。农闲出去，带的是城里人需要的农产

沧桑风度

品,大米、花生、菜籽油、鸡蛋,冬天还有活鸡、鲜猪肉等副产品。农忙归来,运的都是农民稀缺的生产、生活用品,大到布匹,小到餐具、碗筷、纽扣,还有文化用品,毛笔、墨汁、纸张什么的,各种小商品,应有尽有。在祖父的领导下,亲族组成了一支灵活机动的"农商队"。经商赚下的大洋,大家族联手买土地,因为出手阔绰,才能买到整片的良田,买下后再进行二次分割,给参与经商赚钱的各家各户。

1949年以前战争不断,但是我爷爷的生意没有中断。他的农商队开始把洋火(即火柴)、洋油、洋布、洋染料等从上海贩运到苏北,老百姓很快尝到了使用这些现代工业品的甜头,他们的生活方式甚至观念,都受到了颠覆性的影响。有些保守的乡绅看不惯新东西,加上洋油、洋火是易燃品,安全贩卖很困难,曾在运输途中发生过燃烧事故,被他们抓住把柄,他们就阻止乡亲们购买,并且从传统文化层面进行抨击。比如说,百姓特别喜欢洋布,洋布都是白坯,老百姓用进口洋染料调色染布,从此衣服有了多种色彩。过去老百姓用的都是粗布,用织布机手工织的,和洋布比起来成本高、价格贵,却没有洋布那么细腻、多彩。乡绅们就说,洋布很多是东洋进口的,是帮助日本人赚钱打中国。还有,洋油弄不好会爆炸,引发事故;洋火有毒,不小心掉到锅里,或者小孩子弄到嘴巴里,会出人命,等等。反对者还说,这些洋东西还会让中国人变得懒惰,贪图享受,投机取巧,丢掉了老祖宗的好习惯。

祖父没有急着争辩,而是组织手下几个识字的人,学习相关的知识。在上海时,祖父特别虚心地向供货商学习西洋知识,了解全国甚至全世界用"洋货"的情况。这也让他们知道了,这些东西也不全是进口的,比如,上海也造洋布,武昌也造洋火。在农忙回乡的日子里,祖父和他的同事努力向乡亲宣讲现代工业文明和科技创造,也身体力行,传授使用新科技的方法。老百姓和那些乡绅,在祖父他们的启发下,逐渐开悟,越来越欢迎和享受工业产品和科技成果。一直到新中国成立初期,祖父的生意都很受欢迎,因为那时候新中国百废待兴,国家商品流通渠道还没有来得及建好、健全,广大的农村地区，靠的依然是货郎走村到户送货。这些货郎从乡镇小商铺拿货，而乡镇小商铺从我祖父这类的商人那里进货。一旦祖父的运货队不能及时赶回，小商铺就会断货，四乡八邻，家家户户就开始翘首期盼祖父他们带货回来，为他们的生意祈祷祝福。

最值得一提的是，祖父还请他在上海结识的一位很有文化和地位的先生写了一幅书法，内容是孙中山先生的话：天下大势，浩浩荡荡，顺之者昌，逆之者亡。这幅书法据说在老宅的中堂挂了好多年，可惜后来失传了。我在想，是不是祖父在上海有幸遇到了同宗同族的于右任先生？说不定那正是于右任先生馈赠的书法呢。反正，祖父和他的后人，从这句话里得到的力量和启发是不可忽略的。后来发生的许多事情证实了这一点。

祖父他们买下了不少土地，扩大了大家族的资产。到了解放战争时期，盐城地区是老解放区，开展土改工作比较早。祖父积极响应政府的号召，响应共产党的号召，主动加入土改工作队，并表示自己带头执行土地改革政策。当时，乡邻中的一些有产者想不通，认为祖父脑子出问题了，自己家族那么多地，那么多房产，怎么会那么积极地革自己的命呢！祖父说他想通了，人人有田种，家家有收成，个个有饭吃，当然是世道的进步，顺之者昌，识时务者为俊杰，他跟从！就这样，祖父成为地方上最早参与这项工作的人，他主动分掉了家族所有的土地。家里的房子虽然不少，但大家族几代同堂，人口众多，平摊下来住宅并不宽裕。土改工作组测量计算之后，认为不超标，祖宅就这样被家传了下来。非常有趣也非常幸运的是，祖父的"觉悟"，无意中帮了子孙一个大忙。新中国成立初期进行成分评定时，我们家已经剩下不到二十亩薄田，初步评审时被定为富农，二次评定时实事求是，核准为中农。家族的"成分"好，后代的发展也就顺利了很多。

关于这件事，据父亲介绍，祖父还有一个更了不起的思想境界，在那个时代的人里，极其罕见。祖父认为，家有太多肥田，子女后代容易躺倒在地上望天收，不思进取，坐吃山空。自己正是因为一穷二白，走投无路，才不怕吃苦，勇敢闯荡，最后取得成功的。但成功者最大的敌人就是功劳簿，要想子女成功，最好让他们传承自己的精神，而不是抱着功劳簿。所以，祖父觉得把田地还给政府，分给百姓，既是拯救苍生，也是拯救家族，重塑后代。果然，如他所料，家里的土地没有了，于家的后代各谋出路。其中大多数人从老家考入城里的学校，完成学业后又各行其志，有的投笔从戎，有的加入了共产党。

祖父他老人家一定可以含笑九泉了吧。

五

一瓶老酒喝下去，我们弟兄俩最深情的话题，最后落在了父亲于崇荣身上。父亲母亲离开我们好多年了，他们的音容笑貌犹在眼前。父亲坎坷的一生，某种程度上，早已化为一种意志品质，传承到我们的基因里了。

当我的祖父为了家族生计，奔波在苏北与上海之间的那些岁月，我的父亲作为祖父最信得过的儿子，则留在家里，帮着主管料理家庭事务。但父亲的血脉里流淌的是祖父的热血，他并不安分，若干年后也加入了革命队伍。他参加的不是正式在编的部队，而是做后勤补给的民军，主要是新四军部队的担架服务队。担架队走的路线是从苏北盐城老家往北，向涟水、宿迁、连云港走，再到徐州，然后折转南下，到安徽的萧县、皖南。后来，父亲从担架队的火线上进入了正规军，在江苏洪泽一带参战，还负了伤。父亲在地方上养了好几个月的伤，康复后，大部队已经转移好久了，父亲无法跟自己的部队取得联系，只好回了乡。1949年中华人民共和国成立后，基于父亲在部队的贡献，基层政府为他安排了一份公差，先后在村委会和镇委工作。

父亲在新四军一线担架队的经历，为家族同辈人所称道。后来担任海关总署署长的本家首长，多次向我说起对父亲的敬佩，说走过千山万水抬担架救死扶伤，吃苦精神和善良品行，功德何其了得！在江苏省政府部门任职的两位同族人，也多次在讲话和写文章时，提及此事，引以为傲。我们的堂叔于俊崇，是中国工程院院士、著名科学家，去年清明节回来祭祖扫墓，遇到我，谈到了家史，特别谈到了我父亲放弃爷爷创造的安逸生活，国难当头毅然从军的故事，里面有许多细节，他都了如指掌。最让我感动的是，新四军老军人、曾任江苏省委书记的韩培信先生，居然对我父亲、对担架部队有深刻的印象，他老人家在世时，我曾专门拜访他，聆听他对革命往事的追忆。

新中国成立后，不同于祖父生意红火年代的那种物质庇护，父亲这一代人跟千千万万人一样，自食其力，做一名朴实本分的劳动者。父亲母亲生养了8个孩子，夭折4个，其他4个都艰难成长，嗷嗷待哺。苏北农村自古田少地贫，生活还是比较清贫的，有4个未成年孩子要吃饭穿衣的家庭，更是不堪重负。但不管多忙多累，长辈对子女的教育一天都不会疏忽。在我的印象中，父亲除了在每个孩子开蒙前，要亲自给我们上一课，平时也是事无巨细，从来不放弃借事说理、传扬家道的机会。而他坚持的"棒打出孝子"式的教育，也使我们4个，多多少少挨过一些棒头。

我的父亲本质上是一个传统的人，对传统的遵守近乎偏执。比如，对我们的教育，都是奉行传统的爱国、持家、守规矩这一类教义，我们不得有半点越雷池。我记得小时候父亲给我们讲海瑞的成长故事，说海瑞4岁丧父，母亲一人担双责，既在生活上无微不至照顾海瑞，又在做人上严厉训导海瑞，经常把海瑞的小屁股打得皮开肉绽，所以才"打出了"一个伟大的传世清官。父亲其实是在提醒和警告我们，他很欣赏海瑞母亲的"棍棒教育"。而且他说到做到，果然在教育我们的时候，时不时动用一下他的惩罚手段。我们做错事了，首先被罚跪下来，他会用棍棒、树枝等工具，抽打我们的屁股。有时候打得还挺狠的，我有好几次被打后屁股都肿了起来，走路只能僵硬地拖着两条腿往前挪。在父亲看来，犯错误很大了，要重罚，否则起不到惩戒效果。每次打完以后，他会远远地观察你哭得是否伤心，是否充满悔意。如果哭声里带着怨愤，有不服气的情绪，他会找个理由，上来再补几棍子，直到你口服心服——至少看上去真的"心服"为止。这个时候,他的"教育行动"进入下一阶段,拿个凳子在你面前坐下来,跟你讲原因、讲道理。他先问你:"你知不知道我今天为什么打你?"接着开始不厌其烦地解释原因:你犯的错误根源在哪里?为什么会犯这个错误?打你的目的是教你长记性,下次不要再犯同样的错误。还有,你犯这个错误并不是你一个人的错误,人家会骂你的父亲,甚至骂你的祖宗,养不教父之过,这可是一大家子的责任啊。在做人方面,道德品质不能有瑕疵,如果长大了人品有问题,这是做父母的、是整个家族和祖上的耻辱,千年积累的好家风,就会毁在一个人手上,这样的事绝对不能发生,至少不可以从他这儿破了规矩、毁了名节。

这里讲两件我被重罚的事。

后文我会详细说到,我上小学的时候,每天一大早就要起来劳动,天蒙蒙亮,四五点钟就背着篓子出去捡粪、割牛草了。有时候回来晚了一点,一看时间,快赶不上去学校上课了,于是早饭也来不及坐下来吃,随手拿着一个窝窝头或是将一个蒸山芋放在口袋里就往学校猛跑。我家到学校有三里路的距离,快跑到学校大门口的时候,差不多还有两三百米的样子,上课铃声已经响了,我没赶上。我站住了,在那里伤心、懊恼,纠结到底要不要进去,进去的话,老师一定会惩罚我,至少要罚站一节课,在同学面前公开检讨,非常丢脸。懊恼自己为什么不能干活儿更利索一点、跑得再快一点,我为什么这么无用呢!远远的,课堂里的琅琅书声已经传了过来,我就在这个焦急的思想斗争中,选择了逃学。我不敢立即回家也不敢回学校,怎么办?就躲在学校附近一户老百姓家里的柴草堆里,自己坐在那里,把书打开来看一看。等放学时间到了,我把书包一背,跟着放学的队伍回家了。本以为能够瞒天过海,没有想到,老师因为我的缺席,已经做过家访了。听说儿子没上学,我父亲目瞪口呆,说:"我明明看到他揣着一只窝窝头,背着书包去上学的,放学也跟着其他同学一起回来的呀。"老师说,但他没出现在学校,座位空在那里,半天没个人影。

这次，我父亲捡了一根树棍子，比平时的更粗、更长。在家门口的晒场上，父亲用棍子指着我问，你今天干什么去了？我硬着头皮回答说，我上学去了。父亲大声地又问了一遍，我也就大声地回答，上学去了。父亲一听，上来就是一顿打，打完以后再问我，老实说，到底上学了没有，干什么去了？我只好把事情原原本本地讲了出来。

父亲听完问我，你知道这个是什么性质的问题吗？这个是品德问题，你今天犯的错误很严重。家里再三告诉你，做人要真诚，你这个行为欺骗了家长，欺骗了老师。最可气的是，你撒谎，不真诚，还一副振振有词、理直气壮的样子，一点羞耻感也没有。你知道后果多严重吗？继续发展下去，你会成人吗？你会成才吗？你不但不能成人成才，今天如果尝到撒谎的小甜头，明天你就会撒更大的谎，走上社会，你就会习惯用欺骗去蒙人、去混世，你可能成为社会上的渣滓，成为犯罪分子，成为国家的负担……"

这些话，当时我也是半懂不懂。现在想想，父亲确实是用心良苦。父亲说："你迟到了怕什么呢？你坦诚地跟老师讲，今天帮父母干农活，回来晚了，我做得不对。下次把时间把握好，两头都兼顾好，这边帮父母添点手脚，尽可能做点事；学校这边尽量不迟到、不早退、不耽误学业。老师会原谅你的，会把你缺下来的课程补上的；父母也会体谅你，适当减轻你的劳动负担。所有老师都是跟家长一样，希望孩子好，好多老师比家长还关心你们的学业，关心你们的道德成长，关心你们的成就。所以跟老师讲清楚，即使被罚站了，那也是叫你增加认识，注意以后不要再犯，你要有勇气坦诚面对，接受教育，你就做对了。除了撒谎逃学，今天你本来不会有错，一件正常的迟到事情，被你玩小聪明，搞成一件严重的错误，所以，我还是惩罚了你，给你吃一顿棍棒，让你长点记性，知道哪些事能做，哪些事坚决不能做，你明白了吗？"

这件事给我的教训很深刻，它让我知道一件事里的错误，处理的方式不一样，错误的性质就会不一样，产生的结果也不一样。父亲的教诲让我懂得，遇到困难，要有勇气去面对，坦诚接受，尽力止损。不能选择逃避，更不能用隐瞒、谎言来搪塞，否则会造成恶性循环，毁了事态，毁了人品。

回想起来，这件事种下的良性的种子，在我后来的事业发展中，起了很大的作用。比如，我直接领导的建设工程，在一些施工过程中，也出现过事故。我处理事故的原则，就是"高效、透明"，绝对不允许隐瞒事故，要求责任方在第一时间通报事故细节，及时并高规格抚恤事故中受害人的家属，排查施工中不科学的操作方法，消除安全隐患。所以，大地集团的职工们对我都比较信任，知道我敢作敢当，不会做出缺乏诚信的事来。我从一名小组长干到集团董事长，从领导十来人到领导近万人，我的队伍无论多小多大，都是有很强的凝聚力的，诚信、厚道就是这种力量的强力胶。这不能不把一半功劳归结到我的父亲身上，归结到他那"痛下狠心"的棍棒教育上。

还有一件受父亲惩罚的事，对我一生的财富观、生活观的正确养成，也起了很大的潜在作用。1958年吃食堂期间，我4岁，我的姐姐8岁。因为大人整天忙农活，到食堂打饭的任务就由我们姐弟俩承担。我和姐姐抬着一个小缸去大食堂打饭。我们家一共6口人，基本上每餐就吃山芋饭加稀饭，和着野菜，一共大半缸，抬回来每人大概能分到一碗多一点，到不了两碗，连汤带水，只能充饥，谈不上吃饱。有一天，可能事逢什么节日吧，食堂的饭煮得比较浓稠，米放得比平时多一些，散发着一股米香。我和姐姐抬着饭缸，我闻到饭香，直流口水，急于回家开饭，走在前面，拼命拽着扁担跑，不顾姐姐在后面一遍一遍提醒，慢点慢点。那天下小雨，路很滑。农村的路都是田埂子的路，这边是一圈围子，那边是一堆埂子。我年龄小，个子矮，抬的时候重量和分量都在我姐姐那一边。走到一个小河板子的地方，由于我速度快，脚下一滑，摔了一个大跟头。可以想象，两个人抬着一个缸，我摔的这个大跟头，会有什么样的结局。这一缸饭全部打翻了，缸也打碎了。我和姐姐只剩下一根扁担，一路哭着回来了。我们的眼泪没有让我父亲心软，我们被狠狠地打了一顿。

打完，父亲照例搬着小板凳，坐下来跟我们面对面谈心，陈述他惩罚我们的理由：一是浪费了粮食，全家人这一顿都没有吃的了，要饿着肚子到晚上才能吃上饭；二是干活不细心、不专心，做事不认真，不如不做事。最严重的是家里唯一一个能盛饭的缸被打碎了，到下一顿想找个盛饭的东西都没有。

现在的人读到这个故事可能不会相信，但是当时苏北的农村，就是这个样子的，甚至还有好多人家，连像样的筷子都没有，就用芦材截成几段做筷子。还有一些家庭，人口七八个，家里只有三四个碗，等到先吃的人吃完以后其他人才有碗用。我们那时候用的碗，也不是大家现在看到的白瓷碗，而是黑窑碗，非常粗。在那个商品紧缺的年代，就是这样的碗也是限量供应，即使有钱也不是想买就能买到的。

父亲痛斥我说，不单是因为现在穷，才心疼你浪费粮食、损坏饭缸，即使很富裕，犯这样的错误，一样该打。粮食也好，工具也好，都是人劳动生产出来的，都是人的血汗换来的，必须倍加珍惜，不能浪费，更不能犯错误造成人为的破坏。为了一口馋劲儿，一闻到饭香，就不顾一切，撂起了蹄子，你这么轻浮，这么贪心，将来真要是有钱了，岂不是要飞上天！你记住了，人一旦眼里看到好处，心里得意贪恋，脚下必然轻飘，跟头就在不远处等着了。人对物质要有敬畏，对物欲要有克制，才能成为一个忍得住贫穷、担得了财富、经得起浮沉、走得了长路的人！

我到南京工作后，才逐渐悟出父亲这些话里的深刻道理。我怕岁月久了忘记这些话，特意把它们记到日记本的扉页上。我自己有了孩子之后，经常跟他们讲自己这些挨打的经历，并把这些话抄录给他们。这些年，我也经历过个人财富的大起大落，也面对过很多物质诱惑，但最终都沉住了气，放平了心态，在关键时刻做的选择都是清醒的、理性的、正确的。珍惜所得，合理支配，小心翼翼，从不敢用财富来长自己的志气，从不屑因物质而放弃自己的尊严。这大概是我这一生脚步稳扎、不偏不废走正道的根本原因。

多少年后，我父亲看到我向他孙子传授这些，呵呵直笑，说你没记恨，还当个宝传给下一代，这就是你有出息的原因啊。我跟父亲开玩笑，说现在想起来，您老人家真是一个优秀的教育家，在我身上做实验，算是做成功了。我的屁股就是你写的一本教育厚书，棍棒是你的大笔，你一棍一棍地写的内容，全在屁股的疼痛记忆中。

父亲开怀大笑，说："是的，传家宝书，但打人总归不好，你们可以改进，道理还是那个道理。"

六

父母亲在世时多次讲述，出生七八天的我就遇到了一场磨难。尽管全家人吸取前面两个孩子早夭的教训，如履薄冰，小心翼翼地呵护着我稚嫩的生命，那把小镇上买回来的具有隐喻意义的银枷锁，挂在我的胸前，一刻也没有离开过，但天灾人祸，经常不以少数人的意志为转移，小小的我还是被动陷入了一场生死赛跑。

1954年的夏秋之交，因大气环流异常，雨带长久徘徊，暴雨频至，长江中下游、淮河流域发生了百年罕有的特大洪水。这次水灾的雨期之久，洪峰来势之猛，洪水水位之高，汛期之长，灾区范围之广，均为历史记录所罕见。我的老家位于黄河改道的一个入海口边上，很多村庄都被淹了，一望无际，如同汪洋。

可偏偏此时，出生刚一周的我发了高烧。父亲抱着我跑到乡医院，发现乡医院已经淹没在大水中，医生们也不知去向。父亲焦急万分，马不停蹄，不顾天色已黑，风雨交加，深一脚浅一脚，在水中摸索着奔往县城医院。很快，路已经完全看不见了，茫茫一片全都是浑水。水深的地方，也不知是路是田还是河道。父亲只能泗水，向着县城的方向奋力赶去。离县城还有两三

父亲母亲的合影

沧桑风度

公里的地方，有一道深沟，水流很猛，父亲一下子就被漩涡卷沉下去了。沉下去的一瞬间，父亲把我这个宝贝儿子甩出去老远，我顺着水流被冲走了。父亲浮上水面以后，拼命地游过去救我。幸好我被芦苇挡住了，抱被还没有完全湿透，因为身体轻，竟然没有全沉入水里。

那一晚，父亲喝了无数雨水，跌了无数个跟头，终于来到县城医院。医生诊断我得了急性肺炎。经过一番紧张的诊治，我被从死亡线上救回来了。父亲站在医院的走廊上，激动的泪水和着汗水、雨水，滚滚而下。

我不是文学家，无法生动细腻地描绘当时的情景。来到人世间才十来天的婴儿，并没有感知记忆。但多年来，我如同亲见过这一幕，每每眼前会浮现出一个浑身泥水、惊喜交加的黑瘦汉子，痴痴傻傻站在那里流泪的样子。我的心颤动不已。"父亲"这两个字，于我有千钧之力。多少年以后，我自己有了两个儿子，我迫不及待，都未等到他们懂事的年龄，就把这件事详细地讲给他们听。

人们说，爱子胜己，怜子如金，这是生命的本能。但我说，人各有命，本能的伟大，也并非都能有机会爆发。苦难让我早早地感受到了这样的伟大，在我的心中种下了爱的种子，培植了为爱而冲锋陷阵的勇气。

长大后，我曾当面感谢父亲的"救命之恩"。父亲淡淡一笑，表情里竟然还有些害羞。他对此事有他的理解。他说，他早些年在担架部队的服役经历，很多时候都跟那晚的情形类似，有时候救助途中还有一道危险，那就是敌方的围堵。他记不清自己抬过多少伤员，把多少人从死亡线上救了回来。他说，那种艰难险阻，一言难尽。但总之一句话，没有那段经历的积累，没有慈悲之心和情义之行，很多次行动如果坚持不下来，后来救助自己的儿子时，也许就没有那么多经验，那么大的毅力。人生在世，要随时准备吃苦受难，也要有必胜的乐观；要爱惜自己和家人，也要帮助所有困苦中的人。生命中的一切，都是在循环的。

父亲从来都是一个很有思想的人，他有强大的说服力，令我们姐弟四个不得不服。当然，婴儿时期的生命危情，远远不是我们经受的唯一困苦。在后来的岁月里，我和我的兄弟姐妹，父亲和他的家人，和他的亲戚，和他的乡邻，在那个时代经受的苦难和动荡，何其巨大和繁多。在我成长的过程中，我见证了这一切，也见证了父辈如何战胜这一切。说到底，苦难坎坷，让我获得了父辈的大爱、父亲的力量。

七

我们这一代人在成长中遇到的第一个困难，就是缺衣少食，贫穷的记忆充斥我整个少儿时期。苏北老家人多地薄——这里的土地都是盐碱地，"盐城盐城"，在成为陆地、成为人居的城市乡村之前，这里都是千万年前盐水浸泡的海底和滩涂，裸露之后成为盐碱地。古代，这些盐碱地也是重要的晒盐场所，而不是可种植的良田。这样的土地，在太阳的照射下，白花花的一片，只长着稀疏的野草和藤蔓，不宜种植五谷。种子撒下去，一半多抽不出芽，抽出来的芽很多只长出一两寸，就僵死了。几千年人们困守在这里重复着耕地维生，几乎没有什么物质财富的世代积累。"猪肥牛壮、五谷丰登"这些词，世世代代只是写在春联里的美好愿望，现实中很难真正实现。新中国成立前的几十年里，经过频繁战争的折腾和消耗，这里就更穷了。新中国成立后的若干年，人们一下子难以从贫穷中缓过神来，艰苦奋斗，却仍然没有在短期内摸索到脱贫的捷径，很快困难时期又接踵而至。所以，民间有个顺口溜，说"滨阜响，滨阜响，穷得叮当响"，滨海、阜宁、响水等县是苏北之北，是穷中更穷。

这次回乡，看到老家的县城甚至连乡镇都是高楼林立，街道繁华，马路宽阔，这样繁荣的景象，我们小时候做梦都不敢想。我和二弟对着一桌子菜，回忆先辈，怀念亲人，叙说往事，感慨最多的还是这生活的翻天覆地的变化。小时候亲历和亲见的贫穷带来的凄惨情景，真是三天三夜也说不完。说到细

沧桑风度

节处,兄弟俩借着酒劲儿,抱头痛哭,哭着哭着,又忍不住哈哈大笑。姐姐在旁边看了,都忍不住说,两个大男人,怎么三碗酒就醉成这样啊。

二弟指着自己脚上一双崭新的皮鞋,自豪地说,我们盐城现在是中国皮鞋最大的产销地之一,谁能想到这个地方曾经有过"光脚时代"啊?

是啊,在我小时候的印象中,有好些年,村里的男人一年四季除了大冬天,大多数时候都是赤着脚的,买不起鞋子穿啊。就算家境好一点的人,也是白天以穿草鞋为主,晚上洗洗脚以后有个布鞋可以换换。鞋子,就只能就地取材,用晒干的芦苇手工编织,叫作"毛窝子"。苏北盐城地区最冷的时候零下十几摄氏度,一个冬天下来,大家的手脚上面的冻疮流脓淌血,看上去很瘆人。农民只挣工分不挣钱,拿什么去买东西呢?当时,也只有极个别人家,家里有人当干部、当工人的,有固定工资收入,条件才稍微好一些,但也谈不上富裕,他们的工资也是很微薄的,一般就是十几块钱一个月,拿到20块以上的工资,真的就算"有钱人"了。谁要是能穿得起一双皮鞋,在村子里走一走,一定就是人们眼中的"大富豪"了,马上会是一条爆炸性新闻。从20世纪90年代开始,我每次回乡,家乡都会有亲朋好友买一双本地产的皮鞋送给我。20多年来,不管我的橱柜里有多少双、多少种牌子的鞋子,一年365天,我至少有300天穿着家乡产的皮鞋。

我们姐弟几个小的时候,一年四季,春夏秋冬,每人只有一件衣服。那时候,买衣服要有布票才行。在正常情况下,布票是按照每人每年一丈六尺发放的。特殊年头里,布票的实际发放数额还会减少很多。我家里有六口人,都是大个子,父亲一米八,母亲一米七,一人一丈六尺的布票,哪里够用?孩子们就只能用不需要布票的再生布了。这种布也叫回纺布,是将穿得破破烂烂的衣服回收了以后粉碎,重新纺成纱,织成布。布纤维被打得很短,布就没有什么弹性了,像麻袋布一样,又粗又硬,穿在身上,麻麻扎扎的很不舒服。稍一用力扯,衣服还会裂开个大口子。冬天的时候,在衣服里装上棉花就做成了棉袄,里外都是没有衬布的,等到天气变暖的时节再把棉花拿出来。天气暖和之后,孩子们就只有一件小裤衩可穿。从5月份一直到11月份，孩子们没有长衫，也没有长裤，除小裤衩之外，不可能再添置其他衣服。幸亏是小孩子，光着肚皮，露胳膊露腿，大家都见怪不怪。半年日晒夜露，孩子们的皮肤都黝黑黝黑的。谁的皮肤白一点，大家就说，怎么白得像个城里人似的。我记得邻村有一户人家患有家族性的"白化病"，乡亲们给他家取了个"城里人"的外号，一说"城里人"，无人不知道是白化病人家。这样的调侃，并非刻薄，而是包含着多少辛酸和无奈啊。

关于童年，我最痛苦的记忆还是饥饿。我隐隐约约记得，在我三四岁的时候，也就是1957年前后，我们地里的收成，包括山芋、蔬菜等农副产品都换算成粮食，统计在一起，人均大概在300斤左右。具体到每天，每人不到一斤。这个数量绝对不可能让人吃饱，几两饭也绝对支撑不了干体力活儿的大人们劳作一天。从1958年开始，大家集中吃食堂。但是一开始没有做好节约计划，为了体现吃食堂的好处，最初三个月敞开供应饭菜，让每个人都吃得饱饱的。客观来说，那时老百姓的思想陈旧落后，想着自己家的收成集中到大食堂来，混在一起过日子，生怕自己吃不回来，吃了亏。人与人的身材和个头不一样，劳动强度不一样，所以饭量当然也是不一样的。有好多社员心中不平衡，爱盯着别人的碗看了又看，比较一番，看自己是否吃亏。老张是挖河的，干重体力活儿，他吃了一碗又去吃一碗，需要吃三大碗。老李是放水员，每天扛着铁锹在田埂上巡查灌溉情况，属于轻工，一般吃两碗就可以了，可他在边上就看得不服气了，心想我们上缴的是一样多的粮食，你为什么吃三碗，那不把别人家的多吃多占了吗？于是他也去盛第三碗，吃不下就硬撑，像这样的例子，绝对不是一个两个，特别普遍。

生产队干部没有管理经验，食堂的运转很快失控，几个月下来，运作成本越来越高，每天消耗的粮食蔬菜食用油越来越多，甚至开始大量浪费。因为经常出现后到的人吃不饱，先到的人吃撑了，发生闹事打架的情况。到了下一顿，为了避免这类事，伙夫就继续加大饭菜量。这样，谁都没意见，谁也没有责任，皆大欢喜。但这样下去，半年几乎就吃完了全村一年的粮食，新的收成上不来，仓库里却底朝天，最后连预留的种子粮都保不住了……真是一盘散沙，无法收拾。

记得那两年的春天，农村普遍出现了"赶青"。地里的麦子穗刚露出来，麦粒子的浆还没有灌满，乡亲们就去"赶青"（指提前把麦穗中一部分颗粒大的青麦粒取下来）。这是很伤害麦子的，一亩地本来正常成熟后可以收到150斤的麦子，但是被"赶青"后，收成基本上一半都难以保障。青麦粒用磨子磨出来鲜浆，煮粥，一亩地的"赶青"只能吃一两顿，但因此造成的歉收，超过十顿饭的粮食。如此，造成了更大的恶性循环。到了1959年，食堂没有办法办下去了，不得不解散。但大部分家庭早就拆了锅灶，连锅、碗、瓢、勺都没有了，烟囱都推倒了，没法烧饭啊。用于生计的日用品缺得厉害，连一盒火柴都在一个村子里借过来借过去地轮流用。

由于吃不饱，营养严重不良，浮肿病蔓延开来，导致有人因此死亡。1959年1月份，国家想方设法救济，开始从南方收成稍好一些的地区调拨救济粮过来。救济粮每人每月有定量的，每户依据家里的人口领定量的粮食。那时候，每人每天有二两的粮食。我们小家庭两大四小，六口人，领到一斤二两粮食，一个月也就是36斤上下的粮食。现在想想，每人每天二两的定量，该是怎么挨过来的呢？

对于这场连续多年的严重干旱灾情，我记得还是比较清楚的。快到麦子长出来的时候，也就是三四月份麦子抽穗的时候，下了一场冰雹，把麦子全部打了。冰雹之后，紧接着，是连续多天的暴雨，最后麦子全部倒在地上，全都烂掉了。过了夏天，到了要秋种的时候，一滴水都没有。井干河断，连泥鳅都无法生存。土地干结的裂缝，大的有十几公分宽，小的也有四五公分宽。吃水就靠在淤泥里面挖井，一挖挖到五六米深，然后把泥浆挑回来，挑回来以后再沉淀，用明矾吸附水中的杂质后，才可以饮用。

我有一个比我小两岁的妹妹，长着小圆脸，大眼睛，活泼可爱，特别爱笑，是全家人的开心果，为我们的小家庭带来了生机。可是，长期的饥饿让她瘦得皮包骨头，两只眼睛凹陷进去，脸上的笑容也消失了。有几天，家里连续揭不开锅，全家人一个个饿得快昏死过去了，父亲和母亲强撑着出去，看看能不能找邻居借点粮食，走了半天也没能借到一粒，家家户户都差不多啊。他们只好漫无目标地去野地里找，企图找出什么可以吃的。这一去又是大半天时间。小妹开始啼哭，然后昏睡。我和姐姐慌了，怎么摇也摇不醒她。姐姐就让我抱着小妹，她自己跑出去找父母。下午太阳快落山的时候，小妹在我怀里醒了，无力地睁开眼睛，看了我一眼，说，我饿啊，哥哥……。然后又合上了眼睛，就再也没有气息了。我吓得号啕大哭，等到父母回来时，我自己也奄奄一息，躺在小妹身边。

好在，到了1964年的时候，风调雨顺，农业大丰收，不少地区的吃饭难题终于得以解决。盐城地区处在黄海沿边，蒿草猛长，粮食弱势，是困难地区中的困难地方。到了20世纪70年代中后期，国家实施"旱改水"，改良田地。经过治理、拓宽河道，从洪泽湖引水一直到苏北里下河地区，进入灌溉总渠。在这场浩大的旱改水工程中，我的父辈几十万人，奋战在工地一线，震天的号子声响彻苏北大地。此后，人们终于可以用淡水浇灌和改良盐碱地，家乡终于变成了粮仓，几千年贫瘠的土地焕然一新，苏北不再"滨阜响"，这片被历史几乎固化了贫瘠大地，终于在国家发出的号召中，发生了天翻地覆的变化，更加生机勃勃。

为什么我们的眼中含着泪水，因为生养我们的这片土地过于非凡，它掩埋了几千年的悲怆，才绽放出今天的惊艳。它产生悲情，更衍生壮志。我在这片土地上诞生，跟同时代一起，经历九死一生，又从中获得凌云般的力量，迎来彩虹人生。

第二章

飞翔在彩虹之上

　　一座大楼，你看到的也许只是水泥墙体的坚固，其实支撑它挺立的是内部的结构。看人如看楼，你看到的那些有高度的人生，一定是由理想、信念与爱的坚定者所创造的。

——于国家

八

我一直认为,我的青春启蒙,是从父亲在老宅前用树枝在大地上,写下我的名字的那一刻开始的。中国社会当时在一种普遍的物质贫困中挣扎,而我们这个只有父母两个劳动力,却要养活 5 个孩子的小家庭,就更加困难了。我从来没有幻想过自己六七岁时能准时进入学校,成为一名不需要干农活儿的学生。望着拖着鼻涕的弟弟们,我心里有一种不安,跟父母主动提出,自己"老大不小"了,完全可以下地帮助大人干点儿活儿了,等过几年家境好一些之后,再去上学。

《红灯记》里有一句唱词完全符合那时的情形,哪一句呢?就是"穷人的孩子早当家",很符合我当时难免幼稚的心思。六七岁时,我已经能独立到河沟里挑水,能够在田野里转几个时辰,就打一篮猪草背回来。夏天,我能够掰玉米,大多数玉米棒结在比我举起胳膊还要高的秸秆上,我就跳跃着掰,劳动的速度比大人慢不了多少。我不能眼睁睁看着家里这么穷,却吃起了"闲饭"。作为家中的长子,我觉得该为我们这个家出力流汗了。

的确,我们这个小家真是太困难了。

听我的姑妈讲,我 4 岁以前,家庭条件还勉强过得去,原因是做生意的爷爷留了一点点东西,可以用来兑换生活急需品。另外,姑妈家的家境也还可以,善良的姑妈对我这个好不容易存活下来的爷爷的长孙、她的大侄子,给了很多贴补。4 岁以后,就进入三年困难时期了,我们家穷困到什么程度呢?生火的火柴都没有,就更不要谈什么油盐酱醋了。说起当时的情形,估计现在的年轻人都不会相信。我们经常生不了火,要到大姨大妈家、婶婶娘娘家去借火柴。去借的时候,都是一根、两根、三根地借。等买得起一盒火柴的时候,往往要东家还 5 支,西家还 8 支,从集体的小卖部出来,一路还到家，就剩下小半盒了。家里的灯都是自制的，我小时候家里从来没有买得起过厂里生产出来的灯。我四五岁时就会动手做灯，从外面捡一个废弃的小墨水瓶，里面倒上煤油。上面用一根铁丝绕一个环，用火纸搓成一个捻子，或者用棉花搓成一个捻子，放在瓶子里，捻子芯露出瓶口来，一个煤油灯就做成了。天要完全黑下来，才舍得点上。火芯只有黄豆那么大，发出微弱的光。夜晚，全家人就围着这个光豆摸索着劳作、生活。

所以，我提出来，我要做一个社会主义的劳动者，而不是坐着光吃饭不参加生产的学生。父亲一听，苦笑了两声，就跟我说了下面一番话，大致是这样的内容：

"即使家里穷得叮当响，什么都没有，砸锅卖铁当茅草，做父母的也要让孩子读书识字。现在是新中国了，让下一代像旧社会的百姓一样，继续当文盲，这样的家长是要成为历史罪人的！再说，人不读书，没有文化，就不可能有什么出息。读了书，即使没有远大前途，但知书达理，至少比文盲多了教养，懂得更多道理。有教养的人才能识大体，懂道理的人才能顾大局，顾大局的人才能在大局里有一席之地，才能获得自己的人生格局。"

说完这段话，父亲还一再跟我强调，"这话中的道理，也算是祖传的道理。于家祖祖辈辈，没有哪一代敢让子女弃读，没有哪一代敢不重视学习，所以祖祖辈辈有记载的数百代，每一代都有杰出的读书人。家族的繁衍，是有文脉支撑的，这个脉不能断。生活在旧社会的祖宗们尚有这样的认识，现在是新社会了，我们更应该有崇文尚教的格局啊。"

父亲还满怀欣喜地说，有个好消息，就是如今的学堂不同于过去的私塾，大部分学杂费政府都是免除的，家庭特别困难的孩子，只要勤奋肯学，还会有 5 毛到 2 块不等的助学金呢。

于是，我背上书包，走进了村小学的小砖房。

九

"小嘛小儿郎，背着那书包上学堂……"我内心是特别渴望读书的，所以父母亲的态度，其实是合了我的心思，给我吃了定心丸，我高高兴兴地上学去了。"背上书包"却是一件不可能的事，因为整个小学 6 年，家里竟然都没能有一点儿"闲钱"，为我买得起一个书包，我只能将书本用一片旧报纸或学校拆课本包装后废弃的牛皮纸包一下，用细麻绳一捆，抱在怀里当"书包"。

我的小学记忆充满了艰涩，因贫穷而产生过很多委屈。

小学 6 年，每学期开始，我都没能按时拿到新书、新作业本，因为开学的时候，家里总是拿不出需要学生承担的那部分学杂费，必须等政府的救济款到位了，才能补交，然后学校再把书本补发下来。像我这样家里交不了学杂费的同学，也不是个别。开学前，学校会做一个调查摸底，然后列出需要救济款的同学名单，统一打一个报告给人民公社，申请救济款。开学前一周，同学们该减免的减免，该全免的全免，报告批下来了，大家的一套新书、一叠本子就发下来了，个个喜气洋洋。而这时候，我往往会躲在教室的角落里抹眼泪，因为摸底的结果是，我们家不符合救济条件，村上的人反映我爷爷是"小资本家"，做了很多年的生意，有很多积蓄不肯拿出来，是装穷卖乖，想多要一份国家的救济金。"假穷人"的名声就这样传出去了，学校不肯把我列为救济对象。我就成了一个没有书本还要受小伙伴甚至老师白眼的孩子。我回家问过父亲一次，父亲长叹一口气，眼泪就下来了，他说："都穷成这样了，但凡有一个子儿的积蓄，我们不可能不拿出来给你交学费啊！"

从此，我再也没有回家诉过在学校受的苦。

少年时期的于国家

第二章 | 飞翔在彩虹之上

没有书本，功课怎么能跟上趟儿呢？我只能设法讨好同学们，让他们起怜悯之心，"让"一点儿给我。一开始，因"装穷"的名声，同学们并不喜欢我，我向他们借书看，基本上都遭到拒绝。我不能怨别人，抱怨是解决不了问题的，只能自己努力，跟他们处好关系，才有可能得到帮助。我唯一的资源，只有自己的勤快和诚恳。于是，我从身边的小事做起，帮左边的同学擦桌子，帮右边的同学整理书包，帮前面的同学削铅笔，帮后面的同学修凳子。虽然我们班有值日生表，但是不等值日生动手，我利用课余时间，插空把地扫得干干净净，把黑板擦得一尘不染，把黑板槽里所有的粉笔灰，都一点儿一点儿地抠得干干净净，把老师的粉笔盒里整支的、半支的粉笔头子，都分类整理好，放在老师讲台的右上角，按顺序排好。我记得每次到村里参加义务劳动，我都拼命干活，有一次拔草，用力过度，导致肌肉劳损，整条胳膊都肿了，夜里睡觉在梦中都疼得直哼哼，母亲心疼地把我搂在怀里，她一夜未合眼。我希望通过自己吃苦在前、为人着想的实际行动，赢得别人的好感，并尽可能获得一点儿回报。

功夫不负有心人，果然，我的同桌慢慢地转变了对我的态度，上课的时候，把他的课本往中间推一推，这样可以跟我合看。前后左右的同学，也愿意在课间把书借给我用一会儿。这样，课堂上我集中注意力听讲，并尽可能把老师的板书抄下来，课间抓紧宝贵的十几分钟，对着板书上的内容，迅速找课本中的原文内容，尽量把精彩的部分默写下来，把要点抄下来。我成了一个"不合群"的学生，因为我不能出去跟同学们做游戏，不能推铁环、踢毽子、跳绳，不能在冬天满是阳光的南墙上"挤麻油"，在夏天校园旁的小河里捉蝌蚪。他们欢乐的笑声，声声入耳，我多想加入他们，可是多玩一次，多跟小伙伴"亲密接触"一次，就意味着少跟课本"亲密接触"一次，就意味着每天丧失一次通过无数努力获得的，对着课本学习的机会。这样的难言之隐，我也不可能大张旗鼓地告诉所有人，所以，时间长了，我成了一个不合群的人，课间总是孤零零地坐在教室里。同学们也就慢慢习惯了不找我玩、不跟我玩。

沧桑风度

等到放学后,我依然没有玩耍时间,而且连学习时间都没有了。放学的铃声一响,同学们排队放学,老师一声口令,我就像箭一样第一个冲出去。我没有书包,没有书,这个时候倒成了"轻装上阵"的优势,夹着仅有的学习用品——一两本本子,拼命地往家里跑。同学们问:"于同学,你跑什么呢?怎么在学校不跟我们玩?放学路上也不玩吗?难道我们是你的敌人?"特别是几个对我有了好感的同学,拽着我要问个究竟……但是我无法回答他们,我不光不能留下来跟他们一道边玩边走,我还不能告诉他们真实原因,实在是羞于出口啊。父母顶着贫穷的压力,把我送出来上学,我要尽可能挤出一点儿时间,帮家里干活儿,分担他们的劳动压力。

经常是,我人还没有到家,父母已经把我割牛草的刀和篮子准备好了,放在屋前。割牛草送到生产队里可以记工分,这样我们就可以多挣一点工分。夏天是割草的好季节,白天长,下午四五点钟放学,到天黑有3个小时左右的宝贵时间。夏天的傍晚,野草多的地方蚊虫也多,我背着篮子,光着脚,走到一处,蚊虫成群结队围上来把我当大餐。我一边驱赶蚊虫,一边汗流浃背地割草,篮子不满,天不黑,我都舍不得停止。割完草,我背着沉甸甸的篮子,背到生产队队部,找养牛的大爷称重量,拿到他签收的草重量条子,再去记工员家找记工员,折算工分,记到我们家的账上,这个时候,才算完成了全部的劳动流程。结束劳动后,当我背着空篮子,踩着月光回家,拖着一身疲惫和蚊虫叮咬出来的一个个大包,饥肠辘辘地回到家时,一般都八九点钟了。

回到家我吃的是什么呢?家里没办法犒赏我这个"劳动标兵",不是一盆煮野菜,就是一锅山芋干子粥。春天更糟糕,经常好几天见不着粮食粒儿,家里吃得最多的就是野菜羹,或是树叶甚至山芋藤熬得黑糊糊的东西,里面很少放油,吞咽十分困难,有时候糙得嗓子疼,有时候咽得眼泪都出来了。到了夜里,胃里一个劲儿往外泛酸水,真是难受极了。刚刚睡着,一个苦梦才开了头,就被家里人推醒了,因为,早工的时间到了。

整个小学到初中阶段,一年一年,一天一天,我都是早上4点钟就起床出早工。"早工"做什么呢？去野地里捡粪，捡牛粪、狗粪、人粪。捡粪要往偏僻的地方跑，借着曙光，用粪勺挑到自己的粪篓子里。等到日出东方，村里的广播声开始响彻大地的时候，我肩上的粪篓子也有了几十斤粪土了，满载而归。回来以后，往茅池里一倒，日积月累，生产队一家一家地挑粪，如果你家不够的话，还要扣工分，每一次必须要有多少担，还要有一定的"稠度"，土在粪中的比例不能太高。粪土的质量要好，数量要多一点，才能避免受到生产队队长的处罚。捡完粪，往往来不及吃早饭，或者简单吃几口剩菜剩饭，我就夹着两本本子就往学校跑，勉强能踏着上课铃冲进教室。捡粪使得我经常迟到，早上来不及洗澡，身上经常带着一股味道，为此，没有少挨老师批评，遭同学嫌弃。

前几年，我有一次给孙女讲雷锋的故事，正好讲到雷锋捡粪的故事。孙女很不解，说为什么要捡粪啊？于是，我就把自己的亲身经历讲给孙女听。我告诉她，那时候的农村很落后，没有公共厕所，农民在地里面劳动，大老远，不可能跑回家方便，都是在地里找个隐秘的地方解决。那时候，化肥还没有大量运用到农业生产中，所以，粪是最宝贵的土地肥料，必须收集起来，在庄稼生长的关键期，集中还田。孩子依然不解，说这么麻烦，有一点一点捡粪的力气，一天一天捡粪的时间，为什么不多建几个厕所，多生产一些化肥呢？我又解释了半天，什么经济底子薄，物质条件差，生产资料不足，科学水平不高，组织生产的能力不强，等等。孩子似懂非懂地点头。我当时心想，一定要把昨天的中国，把那个曾经贫穷的苏北农村，给新一代人多讲一讲。我们不但希望一代代孩子记住历史，还要让他们理解历史，在真实的历史里建立科学的世界观和正确的人生观。

我家庭的贫穷和自己的辛苦与上进，被老师和同学看在眼里，他们逐渐在心里生出同情甚至尊重。我庆幸自己能够遇到几位好老师。当时，由于本地读书人极少，学校的骨干教师是政府从盐城和苏南的城市调剂过来的，算是到偏远农村支教的知识分子。尤其是一位来自南京的老师，一点儿也没有歧视我是一个没有鞋子穿、没有衣服穿、浑身汗臭的穷孩子。他在班会上数

沧桑风度

次表扬我，说我是真正的社会主义接班人苗子，好学上进肯吃苦，体恤父母有爱心，要同学们把我当作榜样。我也没有辜负他的希望，不管是在学习还是做人方面，都一丝不苟、一毫不让。这里可以说一件事，我也有过"舍身救人"的义举，被乡亲和师生们夸赞为"少年英雄"呢。

我11岁那年的春天，也就是1965年的4月中下旬的时候，麦子刚抽穗，还没有来得及灌满浆，天公不作美，发了水灾。有一天，下起雷暴大雨，雨大到什么程度呢，像用瓢倒的一样。很快，整个村庄一片汪洋，沟满河漫。我家的三间草房，被狂风把屋檐上刮出了好几个洞，雨水灌了进来，家里迅速被淹。父母亲带着我手忙脚乱地搬弄家具，用盆盆罐罐接水。突然，父亲想起什么来了，一把拉住我，焦急地说："不得了了，前村你大姨家的房子比我家还破，这么大的雨，弄不好要出大事，你赶紧过去看看，给他们当个帮手！"

外面下着瓢泼大雨，电闪雷鸣，一片泽国。11岁的我怎么有胆子出去呢？我父亲有个特点，危及关头，会爆发出很大的勇气和力量，他自己如此，在他眼里，别人理应如此！尤其是男孩，不能娇惯，参与几件打破常规的事，有助于迅速长大！我从小胆子也不算小，喜欢玩水，经常带着小伙伴从桥上往河里跳。父亲看在眼里，从来没有阻止过我，他可能觉得男孩子野一点，才是正道。现在到了要用我救急的时候，他毫不犹豫，一把把我推出门外，连一个雨具也没让我拿。

到姨妈家，要是走正常的路有两三公里。从我家走出去，一出门就有个围子，要绕到东面或西面的围口出去。今天时间太紧张了，我心想必须冒险抄个近路。我一溜烟儿在围子里对直就冲过去，刚冲到围子一半的时候，视线里突然冒出一个人，在水中挣扎，快要沉没了。我靠近一看，这不是一个小孩吗？我来不及多想，一头扎到深水里，游过去施救。等游到小孩身边，我才发现不对劲，因为这个小孩脸朝下背朝上，卡在埂槽里面，手乱划，脚乱蹬。我想拽他出来，可在水里没有倚靠，缺少发力的支撑，使不上力。眼看小孩的动作越来越缓慢，我估计他喝了不少水，快不行了。情急之下，我一个猛子扎进水下,钻到他身下,硬是用头把他从埂槽里顶了上来。

小孩得救了,我把他拖上岸一看,竟是我一个远房大伯家的儿子,当时9岁,比我小两岁。他吐掉水,缓过神来,告诉我说,本来在奶奶家玩的,发现下雨了就往家赶,后来雨下大了,在路过这个小沟的时候,脚一滑就掉了下去,还被卡住了,怎么也出不来。要不是我过来,一定没命了。

我把小孩送回他家后,大伯一家人看到我浑身泥水的狼狈样子,心疼而又感激不尽,一个劲儿地说我是救命恩人,是小英雄,要孩子向我学习。

除了救人这种突发事件,平时一些平常的好事,我也没有少做。高年级有两个长得高大的同学,经常结伴欺负低年级的学生,没人打得过他们,也没人敢报告老师,怕受到报复。我决定挑战他们,让他们今后不再欺负小同学。

学校附近有个生产队的柴草堆,同学们课间经常在那里捉迷藏,做游戏。有一次,俩大个儿把几个小同学直接从草堆上踹下去,说是"跳水表演"。可下面哪里是水呢,明明是庄稼地。孩子们摔下来,一个个跌得鼻青脸肿。我正好也在,特别气愤,大声警告他们。两人一见,就拽我到草堆顶上,要把我踹下去。我拼命地绞住他们的衣服,扭打成一团,然后来了个"同归于尽",拽着他俩像球一样一起滚下草堆。三个人都跌得不轻,好一会儿才爬起来。我说,你们要是再欺负人,我就和你们一起到平房顶上去决斗,然后抱着你们一起跳下来,不信你们试试。俩大个儿吓傻了,说:"你不怕死,你狠。"从此我再也没有听说过他们撒野欺人了。

从学习到生活再到与人相处,我的形象通过刻苦用功和见义勇为一点点地建立了起来,我成为大家眼里善良懂事的好孩子。校长和老师们经常表扬我,拿我的故事做榜样教育案例。班主任老师给了我最高规格的"奖励"——特意宣布了一条规定,要求全班同学轮流跟我合用课本。各科的老师都愿意把他们自己教学用的课本,让我晚上带回家用。我特别感动,也珍惜他们的关怀,路上小心翼翼地呵护着这些写着老师名字和备课笔迹的书,揣在怀里,回家后拿出来,如饥似渴地捧读着被我捂热的文字。

十

我没有让家人、老师和友善的同学们失望。整个小学阶段，每学期的考试，我这个靠"借书"读的孩子，都能保持名列前茅的成绩。

过去的学校考试成绩跟现在不太一样。现在据说学生的考试成绩普遍偏高，一个班一次考试绝大多数人在80分左右，出现十个八个满分也不稀奇。我们那时候大多数同学追求的是60分及格，一场考试往往不及格的人数占班级人数的一半左右，正常考试稳定在80分上下的学生绝对是"学霸"。我记得我的考试成绩基本上都在85分左右，最低的一次是75分，那次考试试题难度大，但75分也是前三名了。到了三年级往后，因学习成绩好，我成了学校的"红人"，再也不是那个处处遭白眼的"下等生"了，尽管我的穿着没有改善，依然是破衣烂衫，但是老师经常表扬我，让同学们向我学习，"你看人家于国枑同学，是什么学习条件？什么生活条件？是什么家境？为什么他每个学期的考试成绩都是优秀？你们吃的比他好，穿的比他光鲜，学习成绩却差人家一大截，有什么可骄傲的资本？要向他学习，向他看齐，学习抢先，劳动在前，享乐在后，懒惰可耻！"

那些因家境优裕而歧视我的同学，纷纷改变了对我的态度，有的还虚心地向我讨教学习方法，成了我的好朋友。

小学毕业前，发生了一个有惊无险的小插曲。

过去农村的老宅密封性差，是不隔音的。父母亲住在另一个房间，凌晨三四点钟就得起来干农活，两个人起床时经常商量着家里的大事小事，孩子们如果醒得早，父母的谈话就听得清清楚楚。有一天，我听到他们在商量我读书的事，听得出，他们唉声叹气，担心日子快过不下去了。他们觉得读个小学，识字已经很多了，在村子里也算个文化人了，这么大年纪的孩子也可以正常参加生产队劳动了，有没有必要继续砸锅卖铁地供我上学？村子里只有小学，如果考上初中，需要到外地去寄宿，开销更大了，下面两个弟弟又陆续上小学了，家里怎么支撑得起呢？

最后，我听到父亲发话了，他说大丫头早就辍学务农了，新社会男女平等，继续让老二读书，不公平，这么大的男孩，也可以当个合格社员了。

这对我来说，简直是晴天霹雳。

我的父母亲都识一些字，在老私塾读过书，两个人从来没有在言语中轻薄过读书这件事。无疑，他们是走投无路了，我相信不到万不得已，他们绝不会做出这样的决定。姐姐的确为了我，三年级就不读书了，为了供我读书，姐姐早早加入务农行列。我读书，还有两个小弟弟要吃饭，家里6口人，只靠两个劳力挣工分，是养不活这个家庭的，更不可能支撑我把六年级读完。

理解归理解，懂事归懂事，但是要我突然离开心爱的学校，中止我热爱的学习生活，我心理上怎么也不能平静地接受。

到了开学的时候，父母亲果然没有及时为我报名。我就憋气憋在家里，每天该捡粪的时候捡粪，该割牛草的时候割牛草，该挑猪菜的时候挑猪菜。到了晚上，我就抱着自己的小学作业本，呆呆地坐在自己的房间抹眼泪。就这样憋了一个月，在茫然无助中，我突然心里有了一个小主意。我偷偷跑到姨妈家去，把自己想读初中的想法跟姨妈哭诉。我的姨父是坎北人民公社的干部，也是个文化人，他听了当场表态，支持我继续读书，并承诺费用由他们一起来承担。他还安排姨妈过了两天来我家，斡旋这件事。姨妈跟父母亲谈完话后，过来扶着我的小肩膀说："你父亲怕你有了一点儿文化就飘，这是在考验你呢，并不是真的下了决心不让你读书，找时间跟他谈谈，懂事的孩子应该知道怎么说，机会要靠自己去争取。"

我心领神会地点点头，并感谢姨妈和姨父对我的关心。

过了几天，趁着父亲在水围边纳凉，我走过去，怯怯地跟他说，想跟他谈谈上学的事。父亲问我对这件事是怎么想的，如果他同意了怎么说，坚决

沧桑风度

不同意又怎么办。

那天,我的心像开启了阀门一样,许多心里话哗哗地往外流,一口气差不多说了半个小时都没有停下来,也没让父亲有插话的机会。我首先说,我知道家里的困难,知道父母为这个家,豁出命地干活儿,也知道父母并无私心,这其实都是为了改变家境,为了我们姐弟四个的生活与前途好一点。然后我说,我一直记着当年小学开蒙时,您对我说的一番话,特别是对我名字的解释,我知道把功课学好,成为一个真正有知识有文化的人,对我们这个家,对于氏家族,对国家,都有着了不起的意义。所以,我一直努力做一个好学生,学习成绩好,思想表现好,劳动积极,从来没有给家里丢过脸。最后,我还说,姐姐为我作出了牺牲,将来自己有一分出息,就有姐姐半分功劳,一辈子不会忘记她,一定好好报答她。我还表决心,如果让我去读书,我一定会做得更好,为两个弟弟树立榜样,不管他们以后心里爱不爱读书,但哥哥做人做事,一定可以成为他们的榜样。

我在说话时,父亲一直静静地看着我的眼睛。我说完后,父亲沉默了片刻,然后说,天不早了,你早点回屋里睡觉吧,明天一早你再跑一趟姨妈家,感谢你的姨妈和姨父,并告诉他们,就说爸爸说了,不用他们负担和担心,家里可以再苦一点,这是小事,可耽误好学上进孩子的前途是大事,我们不会这么没志气的!

我转身小跑着回到自己的房间,激动得眼泪止不住地流下来。

后来,父亲跟我说起这件事,说:"是不是个汉子,能不能成为一个男人,就看他关键时候的表现。家庭困难,我固然有几分无奈,但更多的是想逼一逼你,看一看你在绝路上的表现,然后考虑值不值得举家用力去培养你。"

看来,我经受住了人生关键期的一次考验。

第二章 | 飞翔在彩虹之上

十一

我终于又有书读了,来到学校,别提多兴奋了。报到办手续的时候,我在新生学籍表格上填写了我的名字"于国家"——我故意把原先名字里的"枷"改成了"家",我立下了一个信念,要通过读书,走出贫困的家乡,我要飞起来,能飞多高飞多高,穿过云层,飞越到彩虹之上。一直到第一学期结束,我带着成绩通知单回家,父母亲才知道我改名了。父亲嘀咕了一句,名字有点大,不过也好,这是我为你取名的本意,你将来可不要名不副实。

毫不夸张地说,进了初中学校的门,见到书本,我真的如饿虎下山,在知识的田野上奔跑。落下的将近两个月的课程,我两个星期就补上了。第一学期,我就被评为优秀生;第二学期,我凭自己的勤劳表现,当上了班级的劳动委员;初二学年,又因学习成绩优异,当上了班级学习委员。老师经常走到我的课桌前,手指轻轻叩叩桌面,说,于国家好样的,争取考到盐城地区直属高中去,那就一只脚跨进大学校门了,加油!

1969年,初中的最后一年,春节期间,放寒假在家的我,去大队晒场上看群众排演的戏。戏看到一半,父亲来找我,表情凝重,把我从晒场上喊回家,说有重要事情跟我谈。一进家门,我就看到屋里坐了好几位亲戚长辈,其中有堂伯父于崇新和伯母,还有姨妈和当公社干部的姨父。显然,这是一场与我相关的"家族会议"。会议的决定是,把我的户籍转到堂伯父于崇新家。

我一时愣住了,觉得莫名其妙。父亲解释说,家里太困难了,两个弟弟先后入学,开支太大,咬牙也坚持不住了,需要你伯父帮助。要么退学,要么就这么办,你不小了,开动脑筋想想好。

于崇新伯父上来摸摸我的头,说,伯父一直喜欢你,我自己的孩子都是

沧桑风度

不肯认真读书的料，不求上进，你记到我家的名下，为的是图个吉利，看看能不能给我家带一点文气。你父亲说你们家穷，需要帮助，这么说不对，其实是我们家需要你帮助，沾你点才气。再说，这也就是名分上的事，你若考上盐城的高中，不还是住校嘛！放假回来，还住在自己家，高兴了就来我这里吃顿饭，随你高兴，来去自由，本来都是一个家族的，没啥区别啊孩子。

我似懂非懂地点点头，但心里还是有些别扭。伯父的话很中耳，但父亲的话让我有点不舒服，我们家怎么就穷成这样了呢，穷得要拿出名分去换帮助吗？

当天晚上，父母留他们一起吃饭。母亲擀了面条，还拿出过年剩下的一小块咸肉，切成丝，跟萝卜一起，烧了一个菜。吃饭的时候，我第一次被安排坐在大人们中间。姨父端起面条碗，与于崇新伯父碗对碗碰了一下，大声地说，我作为一名党员、公社干部，要以面汤代替酒水，敬你这个老贫农，于国家进入你们家的户口，就是你的家人了，这不，根正苗红，前途一片光明，恭喜！

说完，大家意味深长地看看我。

接着，姨父又谈到我们家的中农成分和最初曾划过的富农成分。还说我的爷爷其实就是农村里的资本家，说别以为只有城里有资本家，农村跑贩卖发家的，也算是资本家了。接着，又说到我的两个姑父在新中国成立前随国民党部队去了台湾，我们家还是台属家庭呢。

第二天，姨父带着我，去大队部和学校，改了我的档案，在法律上使我成了远房堂伯父家一名正式的家庭成员。

姨父是我们这个亲族中不多见的"能人"，他的干部身份更使得他成为家里很多大事的决断人。我感激姨父，没有他，小学毕业时我就正式加入农民行列，可能一辈子都不会走出滨海农村；当然，没有他，我也不会莫名其妙地成为别人的儿子。所以，跟着他去办这些手续时，我心里的情绪很复杂，觉得他是个好人，也觉得他居高临下，手伸得太长，插手我们家的事，让我的身份复杂化了。姨父丝毫不在乎我的情绪，跟我告别时，还严肃地告诉我，要记住自己的新身份，以后填报一切材料，以"新出身"为准。

这一年初中毕业，我在填报中考志愿时，突然明白了家人和姨父的良苦用心。于崇新伯父家三代贫农，我这个考生，以高分并以合格的政审成绩，顺利被江苏省盐城直属第一中学录取，一所全盐城学子向往的最优秀的高级中学。我终于在青春期挣脱出滨海僻壤，开始踏上了更广阔的人生之路。

十二

在盐城直属第一中学的三年转眼即逝。岁月留痕，人生有迹，我读了一肚子书，也长成了一个一米七的小伙子。1973年，我高中毕业。那时大学已经不能正常招生，高中毕业算是国家稀缺的"高级人才"了，施行面向农村、面向工厂、面向边疆、面向基层的"四个面向"的毕业分配原则。"四个面向"，实际上重点就是面向农村，鼓励上山下乡。中学毕业生即所谓的知识青年要响应党和政府的号召，到广阔农村天地去接受贫下中农再教育。没能参加高考的我，热血沸腾，急于投身到火热的社会建设中去。我主动找班主任和校团委的老师，谈了自己的思想，表达了去新农村奋斗的决心。不久，跟所有毕业的那几届同学一样，我们戴着大红花，被敲锣打鼓地送到农村去了。

我进入社会的第一个身份，就是有知识的社会主义新农民。我当时去的地方是盐城郊区的一个镇，为了表达自己扎根农村的决心，我们把户口、档案等都随迁到农业生产大队。我的父亲听到消息，有些想不通，说我们全家几乎是呕心沥血，供你上学，让你走出滨海，培养你成了盐城地区级的知识分子，难道就是为了你换个地方当农民？

到农村报到后，我赶紧给父亲写了一封信，解释我们这样的农民跟他们那一代农民，有着天壤之别；我们建设的农村跟老家农村，会有翻天覆地的变化。我还大着胆子，委婉地"批评"他老人家思想落伍，跟不上时代。信的最后，我用蓝钢笔描粗，写下一行诗句：试看天下谁能敌，天翻地覆慨而慷。

父亲没有给我回信。倒是我的姨父看到信后很高兴，特意让姨妈托人捎来一件慰问礼物。我拆开一看，是一瓶上海生产的花露水。伙伴们一见，全都哄笑起来，说你姨妈是在提醒你，搽搽香，可以搞对象了。我当时也窘得不行。可后面几天很快明白，年轻人没有生活经验，不知道乡下生活的艰苦程度，其实姨妈送来的是一场及时雨啊。

我们这支队伍十几个人开拔到驻点的生产队时，供知青们住的牛棚还没有来得及倒腾、打扫出来。这是一大间四面土坯墙、上盖稻草的大棚子草房，原先里面住着生产大队的九头牛。知青们来了，鸠占鹊巢，只能把牛拴到外面的晒场上。老乡们用大钗将牛草钗出去，用铁铲铲掉地上积累的牛粪，用大扫帚把棚子里的灰尘清扫一下，然后就运来柴草，搭建我们的"家"。他们用一捆一捆的芦柴垒成床，上面铺上稻草，再铺上各人自带的席子，这就算建成了一个集体宿舍。可牛棚毕竟是牛棚，长年累月的牛粪的臭味始终散不去，渗透在地上、墙里，源源不断地向外散发。夜里睡下去，味道更浓了，头完全蒙在被子里，还是呼吸难忍，阵阵恶臭直往肺里钻。

伙伴们终于明白，我姨妈为什么带来这样一件礼物。那瓶花露水派上了用场，我们拿它喷到墙上、枕头上，用花露水的香气暂时掩盖住粪臭。可一瓶花露水没过几天就用完了，我们只能继续淹没在粪臭中。

报到的第二天，我们就积极投入生产劳动中。队里给我们安排农活儿，出早工的任务是每人发一个粪兜子，一大早起来要漫山遍野地拣粪，白天编入生产队，跟广大社员一起参加收麦、割草、插秧、耕田、剥豆、播种，甚至挖沟、运土、填塘等活儿，不分轻重，只要当地农民能干的，我们都要干。知青们按满工后每天每人计10个工分，但要干满12个小时，才能兑现一斤粮食，晚上到第二天才有吃的。一天劳作下来，大多数人手上一圈全是血泡，第二天镰刀都不敢抓，一碰钻心地疼。

年轻人最怕水田里的蚂蟥，尤其是城里来的知青，细皮嫩肉的，一开始不知道蚂蟥的厉害。有一位兄弟到水牛塘里洗澡,洗了一会儿,感觉浑身奇痒,爬出水一看,吓得魂飞魄散。他的浑身,爬了至少二三十条蚂蟥,黑压压、黄乌乌一片,十分恐怖。知青哇哇大叫,差点吓晕过去。附近有经验的老乡,赶紧抓来一把盐。在他身上搓,折腾了十几分钟,才把这些蚂蟥搓下来,在地上掉了一堆。从此,大家再也不敢到水牛塘洗澡了。

现在想想,为什么中国人把最苦的人形容成"当牛做马",牛在水塘里的时候,是劳动之余的休息,属于享受时光。牛的"享受"让人体验一下,竟然是一种崩溃的经历。由此,我们也体会到那些直接劳作在大自然里的世代农民,他们有多么的辛苦。知青生活,让我进一步与底层百姓有了血肉一样的体恤之情,也加剧了我一定要奋发有为,建设社会主义新农村,改变家运国貌的雄心。

跟其他知青比起来,我是有更厚实的"吃苦耐劳"基础的。这些活儿,我从小就没少干,所以,我比伙伴们更乐观、更积极。我记得有一天下午,我正在跟伙伴们在知青点办墙报,突然有小伙伴兴奋地尖叫起来,说大家快看,彩虹,彩虹啊!我们转身望去,只见云彩之下,日光破隙,在远处的河道上,映射出一条彩虹,十分耀眼,无限美丽。

我转身就在牛棚的土墙上写了一些诗句,其中有两句至今记得:力使沧海灌桑田,必将热血哺苍生。

那样的青春可谓壮大矣!

但是,我并未能跟伙伴们在一起战斗太久。原因是,母校中学需要招聘一名炊事员,我的一个老师一直惦记着我,就专程过来问我会不会做饭,想要我回学校工作。我说我从小就干活儿,家里的、地里的,几乎没有难得住我的。老师很高兴,回去就推荐我。校长一听我的名字,就说那是一个能吃苦的学生,人也忠厚,只要他愿意干这伙夫的活儿,我们当然乐意录用他。

我愿意回到盐城一中,并不是为了躲避乡下的劳动辛苦,也不是贪图这份新工作有多少便宜,学校跟我说好了,临时炊事员没有工资,只管吃住。

切切实实是因我对学校环境的热爱,胜过一切私念。学校里有我最崇拜的老师,有丰富的书本,有学习的氛围,有人间的温暖。

就这样,我又回到了盐城一中,可以跟老师们朝夕相处。偶尔,劳动之余,我还可以跑到感兴趣的课堂里去插班旁听。学校有一个小小阅览室,里面的书刊,几乎被我翻烂了。校长吃饭的时候,经常跟我开玩笑说,于国家你不是个炊事员,你是个教员,是个比教员还像模像样的读书先生、教书先生,你将来成大气候了,一定要跟别人说,你毕业于盐城一中炊事专业,相当于本科以上文凭。

老师们哈哈大笑。我也感到无比快乐。

十三

1975年2月,我迎来了人生中第一次真正"走出去"的机会——江苏省建委批复省市几大建设公司到苏北地区招工人,我幸运地被录取,成为国有南京市建安公司也就是后来的南京市第二建筑公司的一名建筑工人。

我记得面试的时候,面对大城市来的考官领导,我这个从未走出过盐城的毛头小伙子有点惶恐和羞涩。考官说,于国家,你来考试怎么也不穿得整齐一些?我老老实实地回答,这是我最好的一身衣服了。

面试结束时,我看到考官面无表情,不作表态,心里有些慌,就斗胆问了一句,领导,我是不是没有希望被录取,如果是因为穿得不得体的话,等我有工资了,我一定注意穿着,端正形象。考官哈哈笑起来,温和地说,考生同志,你的穿着不扣分,你的实诚,还有你读书多,都给你加分了,耐心等通知吧。

青年时期

沧桑风度

后来,我常常骄傲地说起,要讲中国的农民工这个特殊阶层的出现,我恐怕算是第一代里的一员了。不同于后来涌现的民工潮,我们这些人都是国有单位招工进城的,是计划内农民合同工,跟正式工的差距也就是少个城市户口而已。在改革开放前,许多年轻人纵然有宏大的理想追求,但困守在出生地那些封闭的环境里,使得理想难以实现。我能够有幸成为合同制建筑工人,能够有幸来到南京,相比于那些仍然滞留在广阔农村的同龄人来说,简直就是上苍特殊眷顾的幸运儿了。

我的事在家乡引起的轰动,不亚于古人的中举效应。"于国家进大城市当国家工人了!""于国家成了拿国家工资、吃公粮的公家人了!"消息传遍了方圆几十里和盐中的师生、校友圈。亲戚、邻居们轮流请我吃饭,为我送行。可他们不会去细想,我其实就是去当一名普通的建筑工人,说到底,就是换了一个干活儿环境的泥瓦匠。而且这泥瓦匠,我一干就是8年,其间所经历的艰辛,一点不比在老家当一个农民轻。

8年里,我先后干过3个工种,混凝土工、瓦工、钢筋工,也穿插干过一些打下手的杂工。这都是些劳动强度非常大的工种,也正是因为城里的正式工大多数吃不了这个苦,公司才下乡招工的,我们别无选择。夏天天气炎热,在阳光下暴晒,一天洗几遍汗水澡,都是家常便饭。冬天站在脚手架上,刺骨的寒风快把人吹成冰棍了。干一个工程,不可能因为气候恶劣,就轻易停工,下雨天就泡在雨水里干活儿,晚上回到宿舍,脱下鞋子,脚都被泡得发白了。在干混凝土工时,每天的工作内容就是"三干三湿"搅拌工,将搅拌好的混凝土,以每铁锹30公斤的重量与每分钟二三十铁锹的速度,把搅拌好的成品甩向已立好的混凝土模板中。一天下来,汗水不知流了多少,布满老茧的双手也常常被磨出血泡,胳膊肿胀得抬不起来。第二天还得重复这样高强度的劳动,就像人的整个身体重新换过零部件一样。整天拖板车、抄大锹、拿洋镐、挖土刨土……就这样日复一日、年复一年,干了整整8年!

今天我们处在一个机器人可以直接从事复杂工作、机器机械代替人工从事重体力劳动的现代化社会,人们尤其是年轻人无法想象我们当时的工作艰

第二章　飞翔在彩虹之上

辛程度，人就是"机器人"，胳膊腿就是机械，绝大部分重活儿都是我们这些"肉身"来扛的。20世纪70年代的中国，还是相当落后的，机器机械不是没有，但相当稀少，也绝对没有普及到一般的生产劳动中来。在建筑界，像南京二建这样的大型国有企业，连一座小型的吊机都没有，最简单的混凝土搅拌机、砂浆机也很稀缺，大多数建筑工程，都是靠人工扛起来的。一砖一砖地挑，一锤一锤地砸，一筐一筐地扛，一根一根地焊，一块一块地拼，一方一方地垒，真是血是水泥汗是浆，肉是砖瓦骨是钢啊，生命意志建高楼，牛马精神筑桥梁啊！

建筑工地上的这份苦和累，不要讲城市里的应届毕业生扛不下来，就连我们这些从农村来的合同工，也有不少人扛不下去，打了退堂鼓。许多人是看在每月有三十七块八毛四分的工资收入的份上，咬着牙坚持了下来的。而我，一个胸怀壮志的热血青年，促发我8年恒心的力量，当然不仅仅是工资，而是在我的眼里，这是一份了不起的事业，当高楼拔地而起，高耸云天的那一刻，所有的汗水化为自豪，我感觉自己又在理想的台阶上迈进了一层。

除了体力上的巨大消耗，内心里的孤独也很折磨人。南京这座陌生的城市，大楼林立，可是我们建设的楼宇，似乎跟我们没有太大的关系，它并不是我的容身之处；车水马龙，似乎没有立即通向我的心灵归宿；人来人往，可人群中，没有一个是我的亲戚朋友。我开始思念我那贫穷的家乡，盐城，滨海，围着水道的老宅，一张张熟悉面孔的乡亲，日渐苍老的父亲和慈祥的母亲，个子不断窜高的弟弟，即将出嫁的姐姐，可亲可敬的老师，一起钻被窝、用花露水躲避牛粪臭的知青伙伴……到南京不到一年，我发现自己陷入了一种焦虑。要克服这种焦虑，看起来比克服高强度劳动的艰苦还要难。

公司里有一大批和我同时分配来的城市应届毕业生，夕阳西下的时候，他们喜欢聚集在宿舍前的空地上，一面喝着啤酒，一面弹奏着吉他，搞起小联欢。音乐往往可以用不同的情绪撩拨人的心弦，但我很难融入他们的狂欢，更因为音乐表演能力的欠缺，无法成为他们中的一员。我只能静静地远观，细细地倾听和体会。一段时间后，我豁然开朗，从欣赏音乐的自我行为里，

沧桑风度

找到了突破自我的路径，那就是利用孤独，享受寂寞。我想起了在盐城一中做炊事员的日子，闲着的时候一个人独处而又充实的读书时光。我为什么不重新拿起书本呢？当月的工资拿到手之后，我没有立即像往常一样去邮局汇款给老家，而是去了新华书店。

那时的南京新华书店最大的店在中山东路，牌子上写的是南京新华书店第一门市部，是一座不高但体量较大的屋宇。我第一次走进大城市的大书店，真的惊呆了。没有想到会有那么多书，品种那么丰富；没有想到会有那么多人，大部分都是我的同龄人，甚至有许多少年儿童。偌大的书店人来人往，却特别安静，有的在选书，有的在角落里读书，购书时也是轻言细语。我非常的感动，深深地爱上了这样的书香环境。一口气买了将近十块钱的书，惹得营业员惊奇地打量我这个满身工地灰尘、头发乱糟糟的青年。

"喜欢读书，就等于把生活中寂寞的时光换成了巨大享受的时刻。"这是我在自己购买的一本书中发现的一句话，古典哲学家孟德斯鸠说的，我把它抄写在笔记本的扉页上。此后的业余时间，我再也没有闲着。我在书的海洋里找到了快乐，获取了力量。

那时候能源紧张，不能浪费，晚上宿舍里到了规定的休息时间就要熄灯，加上一天还要停个十几次电，可以在屋里读书的时间极其有限。天气好的时候，我就在工棚外的马路边找一个路灯，在下面坐着，旁若无人地读书。天气不好的时候，我就躲在宿舍的蚊帐里面读书。为了不影响别人休息，我把工地废弃的纸质水泥袋子搞干净，当作纸张将帐子糊起来，以遮挡光线。我买了一个手电筒照明，悄悄坐在被窝里阅读。夏天本来就热，水泥袋子围起来，里面闷得像蒸笼一样，一两个小时读下来，人都淹在了汗里，有时候几乎脱水，都快窒息了。但读书获得的兴奋，总是掩盖了身体的受罪，忘乎所以，就是这样一种美好的境界。

除了广泛阅读文史类书籍，我也开始注意到可以学以致用，购买了大量建筑专业的书籍。既然已经干了建筑，本着干一行爱一行，行行出状元的初衷，我天天挑灯夜读，系统地钻研专业，掌握建筑类和与之相关的一些学科的技术、技能以及文化知识。遇到不懂的地方，就虚心请教师父和有经验的工友。不到一年，我就能看懂各类图纸，偶尔还能对复杂的图纸内容，提出个人不同的见解。

我一直有个隐而不宣的愿望，就是上大学。随着读书量的增加，知识面的变宽，这种愿望不降反升，越来越强烈。我私下积极地做着准备，每一年的高中新教材，我都要去书店买一套，看看教材的变化，温习里面的知识点。我期待将来有一天，能够有机会考大学，重新回到课堂，继续深造。

十四

"城市里的每一座建筑，都是从图纸上孕育生命的。我希望自己的生命能够与建筑的生命融为一体，因为我知道，城市里的建筑就如同国家的细胞。今天是国庆节，国庆是国家最为隆重的庆典，以前我不理解父母为何为我取了这样一个名字，但现在我揣想，父母一定是希望我能成为国家肌体里的一个细胞。"

这段话是我到南京工作的第二年，也就是1975年10月1日国庆节那天写在日记本上的。那年我21岁。21岁的我虽然已经经历了不少风风雨雨，但毕竟乳臭未干，作为一名普通的基层建筑工人，我的人生格局顶多算是"初出茅庐"。但初出茅庐有初出茅庐的长处，那就是好奇、好学、好胜、好挑战。从那时候的日记看得出，我不够"谦逊"，有着天马行空般的大思想，虽然翅膀不老练，但与建筑、与城市融为一体这样的理想定位，和作为祖国的细胞，与国家一起飞翔的人生航向却是实实在在的，千真万确的。

在南京二建公司这个大企业里，我是数千名工人里最有想法的人之一。我平时的表现，也引起了师父和领导的注意。一位管理过我们这个部门的经理，在公司的会议上不止一次说，你们很多人说一箩筐话，抵不上于国家一

沧桑风度

句话的分量；做十件事，抵不上于国家一件事的作用，爱学习爱动脑筋的年轻人，就是不一样！

每次听到表扬，我都觉得羞愧难当，但内心也十分受用，增添了更多动力。

经理的话，绝对不是空穴来风。我们那个时候，从来不知道用言语去讨好别人，更不会琢磨送礼之类的庸俗事，只是竭尽全力地干活儿，一门心思钻研怎么把活儿干得更好。那个时候的领导也是这样，喜欢朴实、勤劳、一心想着工作的职工，讨厌那些花言巧语、投机取巧的精明鬼。领导对我的好印象，都是在天长日久的实际接触和我的实干成绩中形成的。

我的勤学爱钻研，第一次在工作中发挥重要作用，是在参加施工的一座重要建筑——位于南京中山东路的中国第二历史档案馆的建设中发挥出来的。那是一座完全按照中国传统古典风格设计的大体量建筑，大屋顶、大斗拱，反宇飞檐。在施工过程中，技术人员动了许多脑筋也无法将屋顶的斗拱及飞檐翘角，一次性用水泥浇筑成型。我利用休息时间，反复研究原设计图纸，通过图版按比例测量推算，对照斗拱和飞檐翘角等几十张样图，用废旧木材料按比例缩小，一寸一寸地搭建了小型模型。然后再放大成一比一的大样，做出实物。经过反复试验后，终于解决了这个难题，成功应用到实体工程上。我的方案得到了施工经理的认可，并被采用。第二历史档案馆工程竣工后，参加验收的专家一致认为，采取钢筋模板一次性浇铸成中国风格的琉璃瓦大尺寸屋顶飞檐翘角，在江苏省尚属首次。这项技术为解决仿古建筑的曲面造型的施工，提供了极有价值的现代工程技术依据，决定对工程授奖。

第二历史档案馆竣工后，我也出了师。出师的同时，因为在工作中的突出表现，和创造性的技术攻关成果，我被破格提拔为工长。我这样身份的合同工，事业上如此快速进步，前途上受到特殊培养，这在国有公司的历史上是很少见的。为了报答组织的信任，我更加卖力地工作，更加刻苦地学习。在施工过程中，现场解决的大大小小技术难题，还是很多的。

中国第二历史档案馆

沧桑风度

　　1979年国家对我们这批人有了新的政策,那就是集中安排知青回城。我作为知青也在"回城"之列。虽然当时我已经是南京国有企业的合同工,但我的户口没进南京,所以"回城"落实的方向不能是南京,只能是老家盐城甚至滨海县城。我被安排到盐城的盐阜商场工作。接到通知后,我喜忧参半,犹豫不决。回到老家工作,毕竟能够进国有商场,成为正式工,是名副其实的"国家人口"和"城里人";但我对交付了青春汗水的南京城和南京二建,对建筑事业,又是那么留恋。不接受"回城安排",自己并不能成为真正的南京人,户口没法落下,作为聘用合同工,稳定的身份也无法解决。再跟家人反复商量后,我采纳了大家的意见,决定享受国家落实的知青回城政策。

　　我恋恋不舍地离开南京,离开二建,回到盐城,到商场报到上班。

　　汽车开上南京长江大桥的那一刻,我流下了热泪。我记得多少个夜晚,我在这个中国人为之骄傲的伟大之桥上,望着城市的万家灯火,随着东流的江水,心潮澎湃,无数次构想过在这个城市大展宏图的未来啊!难道这一切,反而被一次命运的"幸运"终结了?人生的道路,怎会如此变化莫测呢!

　　南京二建公司的领导非常痛惜,觉得失去了一个宝贵的人才,培养了这么多年,从普通工人,干到工长;从泥瓦匠,进步到拥有一身技法的新型建筑人才,我在二建领导的心目中,是年轻人奋斗的标兵,怎么说走就走了呢?公司党委组织人事部门,动了很多脑筋,想方设法,甚至到市劳动局询问政策,到盐城有关部门寻求帮助,数次协商,希望能把我重新调回来。主管商场的市商业局领导都感动了,一次到商场来检查工作,特意让商场负责人把我叫过去,笑着跟我说,小于啊,你这年轻人了不得啊,一个合同工离开,惊动了南京那么多领导,来回说情,要把你弄回去,你这是啥能耐呀,看来表现很优秀,为盐城人争光了。他还开玩笑说,但你越优秀,我们越舍不得放啊,大城市需要优秀人才,我们盐城小城市,也需要人才啊!

　　那时候,从小城市调到大城市是很难的。单位领导如此厚爱,我也十分感动,服从召唤,人先回到南京,户口由组织上出面逐步办理。这一办,就花了好几年时间。一直到1984年我作为二建职工,已正式转正、定级,可户口依然没能进南京。我申请入党，不行，得到户籍所在地盐城加入党组织。盐城那里认为我人不在盐城，365天不知道我的表现什么样，不肯出鉴定意见。折腾了好多年，一直到落户南京后才入了党。这也是我的一点遗憾：跟同龄人相比，我的党龄短了很多。

在爱才如命的二建领导们的亲自过问下，我的户籍终于从盐城迁入南京，成了名副其实的南京人。这在1980年代前期，也是一件相当了不起的"荣华"。我回去迁户口办手续时，特意把义父于崇新和姨父姨妈等当年为我中考改户口的亲人们，请到一起，用了将近一个月的工资，兴高采烈地喝了一顿大酒。

捧着南京户口本，我感慨万分。在过去的岁月当中，和我同时进城的那批合同工，有不少人因吃不了那份苦，回到了农村，回到了他们人生的起点；有不少人抱怨身份不公，待遇不等，而跳了槽，不知去向，也不知事业是兴是衰。但人各有志，人各有命，我只能坚持做好我自己，在自己的选择里，无怨无悔。

在南京落户后，我如虎添翼，就此起飞，开始了跨越式人生之路。从合同工，到正式工，到班组长，到施工员、工长、队长，到分公司的总经理，到集团公司副总裁，再到集团公司的总裁、董事长，每一步都没有拉下。公司各个级别的职位都经历过。这份履历，练就了我扎实的业务基础和管理能力，无论是亲自上阵，还是规划、指挥，做起来无不得心应手。比如，我后来当上了队长，当上了分公司经理，到工地上去巡查，跟工人们交流，一些不明底细的工人受我批评后不服，认为自己的方法没错，领导在办公室喝茶看报纸，哪里知道施工的具体情况？我不屑争辩，二话不说，撸起袖子就上去，跟他一起干一阵，砌一面墙，扎一拢钢筋，其熟练程度，不输任何一线工人，大家一见，立马服了。

至今，每年我都保持着一个习惯，每到深秋，南京中山东路上，高大的法国梧桐万叶金黄时，我一定会抽出半天时间，走进去，散散步，拍拍照，让记忆在秋风中重温，让最初的滴水荣华再次激荡一下苍老的心思。那里的新华书店，后来一度发展成南京最高建筑之一，如今是凤凰出版集团所属的一座新型旗舰书城，里面依然是人头攒动。路过的时候，我总要走进去买几本书，幻觉中看见自己还是那个满身灰尘的工地青年，夹着新书走向憧憬之地。第二历史档案馆在将近半个世纪的风雨中岿然不动，色泽浑厚的琉璃瓦上落满金黄。当年我设计施工的大斗拱飞檐，在秋高气爽中伸张的姿势，凝重而又舒展，洋溢着稳健的中国式艺术之美。

十五

来南京工作的第四年，也就是1978年，我回老家过春节，去看望我一直很敬重的姨父。招待我吃饭的时候，姨父姨妈问我南京的工作是否顺利。我把好事和糟心事都如实告诉了他们。好事是自己的事业比较顺利，工作和生活都适应了，可以说是得心应手，充实满足。不如意的事就是，我们这些合同工是"二等职员"，户口至今迁不过去，入党的事也牵涉属地问题，一直搁着。

姨父是老党员，人生经验比较丰富，他安慰我说，"人往高处走，水往低处流，越大的地方，对人的素质和能力要求越高。从小一看，到老一半，我从你很小的时候就看好你。你是一个好学上进的人，不要着急，一步一步地走下去，走稳了，我就像看见你的未来一样，今天是个人才，明天肯定是个人物。你将来要是没有大出息，你回来找我，说我是睁着眼睛说瞎话。"他说完，还用手敲敲桌子，以示强调。

我说："姨父一直关心和帮助我，这番话是表扬我，更是鞭策我，我一定记牢了。"

姨妈在一旁帮我们夹菜，听完把筷子停在半空，问了一句："我的大侄儿哎，姨妈记得你应该24岁了吧，本命年啊。"接着问我，懂不懂本命年的命理。我说我还真的不懂这个。姨妈就说，常言道，本命年非喜即祸，如果没有天上掉喜事的好运，就得做成一件喜事，来冲掉灾难，光穿个红衣服，扎个红裤带，是顶不住的。

我很茫然，问怎么能做成喜事，凭空做什么喜事儿呢？姨妈哈哈大笑，用筷子敲我的头，说我的呆头鹅侄子哎，你这么大个小伙子了，整天扛着钢筋水泥跑，就没想到扛个媳妇回家？猪八戒还知道要回高老庄呢，你咋就不开窍呢。

我脸热面红，燥到耳根，老老实实地告诉他们，自己心里也明白这件事，但是目前工作太忙，几乎没有时间去多想，自己的身份工不工、农不农，城不城、乡不乡的，尴尬身份和两头不落地的状况，带来很多顾虑和不便，条件好一点的姑娘，也看不上我这样处境的人，所以暂时不准备考虑这件事，过几年再说。

姨父在旁边听着，一直没有说话。

吃完饭，我向姨父告别的时候，他握着我自行车的把手说，找对象不在于一定要什么时间、什么地方，关键是有没有缘分，缘分不到，想得头发掉也不一定成，缘分到了，跌个跟头都能捡着好媳妇。然后他说，"你知道你姨妈一直都很疼爱你，事事关心，你要理解她。这件事做不做，我说个话，建议你回去问一下你自己的爹妈，他们最有发言权。如果他们也是你姨妈这个意见，这件事由我来张罗、把关，在这个小地方，四乡八村没有我不熟悉的，一定会帮你物色到一个好姑娘。给姨父一句话，这个权授不授给我？"

他老人家是我的恩人，过去 20 来年也一直是我的人生导师，我哪里能不答应呢。回到家还没等我主动开口，父亲、伯伯，还有我的堂哥，轮番过来就这件事"下达任务"，根本没有商量的余地。后来我才明白，早在我回老家之前，他们在家已经合计了好多遍，连意向目标都找好了，就等我回来相亲呢。原来，我到姨父家，吃的是一顿"鸿门宴"啊。

第二天下午，姨父就骑着自行车来了。一见我就说，你父亲给我交代任务了，你也授过权的，我这媒人就上岗了。昨晚我接到口信后，想了一夜，

沧桑风度

几乎把全县熟人家的姑娘都在脑子里盘点了一遍，觉得我有一位老朋友，县粮食局的邱局长，他的女儿不错，家教好，家境好，八字也算过了，跟你很配，我先去跟邱局长沟通，看看人家有没有意向。

就这样，老家风俗规定的一套相亲程序开始了。

两边的沟通很顺利——其实这件事他们早就开始酝酿和接触了，都是有备而来，除了我感到意外，他们都是意料之中。两个年轻人知道得要晚一些，像个陀螺一样，被一群大人抽着转。就等着转到一起，中意了就一直转下去，不中意就转开而已。

相亲团带回来的消息是，邱家的条件确实很好，住在县城，郊区老家的老宅子也在，离县城四五公里，不住人，当仓库用，里面密密匝匝堆满了几十袋米面、稻糠、花生、大豆等，还有好几大缸的豆油、菜籽油，相亲团一片惊叹声。那时候，穷地方的人都是这样，手上有余钱，赶紧兑换成粮油副食品，囤积起来。大家都给饿怕了，吃的东西是第一硬通货。相亲团一片惊叹，说，这么好的物质条件还是次要的，更好的是人，邱家姑娘生得好，性格好，面相好，如果能看上我们这边，你小子也算是命中有福气，好运挡不住啊。

对方的相亲团也到我家来"考察"了一番，反馈的信息是，于家真穷啊，屋里屋外找了三圈，也没有发现有整袋的粮食，连红薯干子都见不着一片。但邱局长他老人家偏偏看中我这小伙子了，说我体质强健中带着文质彬彬的气质。他同意继续向前推进，让两个年轻人见面。

我觉得这个事不会成，明摆着，我们两家的生活差距很大，人家局长的千金，怎么可能从城里跑到这个乡下的穷窝来过日子呢。我不愿意继续配合热心亲友团了，实在是担心往前走一步，都有可能自取其辱。可是，双方相亲团积极地安排了我跟女孩见面的日程。

春节期间，我按照指定的日子来到邱家。父亲让我以"准女婿"的礼节，买了几斤肉和两条大鲤鱼提着。当地规矩的约定俗成是，如果对方一家包括女孩子同意，就把"准女婿"带来的鱼和肉煮了，大家一起吃。如果有异议，女方就煮自家的东西招待男方。邱局长就当着我的面，喊来女儿，问她愿意不愿意帮忙，把这两条鱼剖一下，洗净了红烧。这其实就是一个变相的"表态"环节。我见女孩看了我一眼，害羞地点点头，慌忙提起鱼就跑出去忙活了。

她爹的本意是，拿鱼说事，让女儿当面表态，这门亲事定不定？眼前这个小伙子，你愿不愿嫁？表态的"戏"是成功了，可接下来马上就闹了大笑话。小邱去不远处的水池上清理鱼，我就坐在厨房里，一边跟老邱聊天，一边给他打打下手。过了一会儿，小邱把鱼弄好了，提着篮子，拿到了灶台上。老邱开始烧鱼。他等锅烧得爆爆的，往里面放上菜籽油和葱姜，然后把两条鱼倒进锅里，先煎一下。我看见他拿起铲子，"刺啦"一声，刚把锅里的鱼翻了一下，就慌忙把鱼铲起来，重新倒回篮子里。然后提着篮子就出去了，跑到我看不见的一个公用水池去了。原来，邱千金从小娇生惯养，根本不会干活儿，她仅仅把鱼鳞刮了刮，鱼身子洗了洗，根本不知道还要剖鱼肚，就这样拿回来，让他爹下了锅。老邱在我眼皮底下，怕"败露"了宝贵女儿的"秘密"，赶紧藏着掖着，躲到远处，重新处理干净了，再拿回来。

我回到南京后，小邱给我写信，坦率承认那天的事，明说自己确实从小父母太娇惯了，没干过什么活儿，让我看笑话了。

说实在的，一见到她，我就在心里认定，这就是我要找的女人，我一定要奋斗，努力填补两家之间的生活差距，让她过上好日子。她这么坦率，我就更喜欢了。我给她写信，很感激她不嫌我家境贫寒和身份卑微。她回信说，只在乎我这个人本身的素质。对我的勤奋好学、吃苦耐劳，许多事早就听说了，心里很佩服，甚至有崇拜之情。

当年腊月，我们在老家简单地举办了婚礼，就这样成家过日子了。我要上班，一些家务不得不落在女方身上。过日子里最大最烦的就是烧饭洗衣，一开始，一窍不通的新娘子，对家务无从下手，急得直哭。我除了自己能多分担就多分担外，还当起了"家政教员"。我从小干家务、干农活儿，十几岁后就独立在外上学、工作，还当过一段时间炊事员，烧饭洗衣可谓轻车熟路。

沧桑风度

于是我特意把家里的蜂窝煤炉，增加了一台，这下从"单灶头"变成"双灶头"。一份菜分成两锅做，一边我做，一边她学。完了两锅同样的菜，一起吃，一起比较，一起分析味道的好坏。

我很幸运，我的爱人在我们老家那个小地方，的确是个油瓶倒了也不扶的"千金小姐"，但她本性质朴，娇而不骄，拙而不笨。自嫁给我之后，一切从头学起，无怨无悔，勤勤恳恳，硬是把自己锻炼成了勤劳贤惠的"巧妇"。慢慢地，她接手了全部家务，还不断宽慰我专心工作，不用担心家里的事。婚后，她连续为我生了两个儿子，三个男人的生活全由她一个人料理。她常常自我调侃，说自己是大力士，一手托三个大老爷们。我这个"苦孩子"出身的人，回到家反而成了甩手掌柜。儿子们长大后，迄今又增加了两个媳妇、三个孙子孙女，"老爷少爷千金"一大群了，我爱人依然忙碌着，一天也闲不下来。儿子们经常开玩笑，说妈妈是家里的太阳，现在已经有七大行星围着转。我爱人反驳说，哪是什么太阳啊，是上气不接下气围着七颗星球转的超级人造卫星。

后面几十年，我的人生其实比婚前二十几年更坎坷。如果我的童年和少年时期，可以比喻成一条弯弯曲曲的河流的话，那么我的青壮年时代，可以算得上惊涛骇浪的江海了。没有身后这个小家的女掌门人，没有她打造的宁静港湾，很难说我能一如既往地激流勇进，那么，就不可能有我这个后来的百亿大企业集团掌门人。我的爱人，同样也让我进一步领会到"家"与"国"的哲学，跟我的父亲一样，他们和我大半生遇到的千千万万好人一样，启发了我对自己名字这几个字里蕴藏的大情大义的认知，激发了我为之而进行的人生践行。我的爱人不肯承认自己是太阳，但她在我和家人的心中，至少是我们生活中的彩虹。我们每一步的精彩跨越，都有她拱起美丽脊梁的坚强支撑。

第三章

我心纵横

现成的路都是别人走出来的,你能不能走得过去,基本上由别人说了算。自己的路必须自己开拓,先得把"坐想"变成"行干"。出路出路,走出去就是路;困难困难,守在家里就更难。

——于国家

十六

一个人的帆张得再开,如果没有时代的飓风推动,如果没有社会的浪潮托举,如果没有远航的决心与行动,那么,大海再大,属于你的依然是一片小小港湾。

我的人生迎来了春天,迎来了启航时刻。

1978年12月的一天,我在宿舍里听广播,中央召开了十一届三中全会的新闻,让我热血沸腾。国家要实施改革开放政策,对经济体制进行重大调整,从计划经济体制转移为市场经济体制。接下来的日子,我一下班就跑到单位阅览室,迫不及待地浏览报纸上的相关新闻,了解专家和各界群众,解读全会报告,分析十一届三中全会精神将对国家产生什么样的影响。我隐隐地觉得,整个国家走上了一条新的道路,这就是发展的快车道,而个人作为快车道上的行使者,真正的水平、胆识和能力,将会被检测。然后在这场竞走中,有的人会加速驰行,有的人会踌躇不行,有的人会被挤出车道,有的人会翻车落马……一个新的竞争时代来临了。

不知为什么,那些日子,我似乎听到自己的心跳加快了。

应该说,我所在的南京市第二建筑工程公司,这个1953年成立的老牌国企,是一辆体量大、载重大、基础性能不错的"大车"。20世纪50年代,从学校、医院、商业等社会服务公用设施,到工厂、政府机关办公大楼等市政工程,在南京主城区几乎百分之百的新楼建筑都由南京二建完成。20世纪六七十年代,南京二建的工程占据了南京主城规模的一半左右。一些重大工程至今仍是地标,像国家重点工程南京长江大桥的引桥和桥头堡,雨花台烈士陵园,南京炼油厂,苏北灌溉总渠的核心枢纽,等等,都是由南京二建来建设完成的。计划经济体制下的分配任务时期,从1953年至1984年,南京二

沧桑风度

建是南京城市建设重任当之无愧的担当者。但是，这辆车开上80年代的改革大道后，面临着全新的复杂路况，这就是与多车并行，需要大提速、急刹车、并道抢道、弯道超车、巧避拥堵等，专道专用的时代过去了。"大车"的负担过重，惯性巨大，在新路上很快就跑得气喘吁吁。

从1984年开始，建筑业市场的老格局被打破了。随着国家经济体制的调整，建筑行业的所有重点工程均采取招投标的方式进行，遵循市场经济体制中市场竞争的生存法则，没有了计划经济下分配的项目，全部进入市场，进行招投标了。公司由分配进入市场，不是坐在家里"等米下锅"，而是要"找米下锅"了。由过去等着政府分配，到现在逼着自己要上门找项目，要收起文件、放下茶杯，低下身段、穿上"铁鞋"出去跑市场。这就给企业带来一次管理上的革命，尤其是人的观念上的改变。

国企的领导向来都是有"行政级别"的，不习惯"为五斗米折腰"。工人们沉湎于薪酬月月红、人人有、一样多，一般不会偷工减料，但也犯不着拼命干。建筑界的民营队伍就不一样了。他们大都来自农村，由泥瓦匠的"游击队"整合而成，特别是像南通、江都、扬州、盐城等这些建筑之乡，似乎一夜之间，诞生了大量建筑公司，四处出击，遍布全国。有的甚至几年间就做大了规模，走向了世界。一时间，农村手艺人都涌入到了市场。他们没有铁饭碗，本身就是泥饭碗，特别肯干，又能吃苦，进入城市以后，干活服务好，尽心尽力效率高，优势明显，大受欢迎。相比于以老大自居的国企，甲方在拥有自由选择权的情况下，怎能不选他们呢！对于习惯接受分配，"执行任务"的国有企业来说，只能眼睁睁地看着别人把本属于自己桌上的蛋糕切走。南京二建公司过去是攻城略地的主力军，转眼间就沦落为可有可无的预备队，几千名职工从旱涝保收，变得连生存下去都越来越难了。生存，一夜之间就成了企业领导层必须面对的头等大事。

南京炼油厂（获鲁班奖）

沧桑风度

改革开放给全社会带来了活力，却给老国企带来了危机。放开的前期，公司连续三四年亏本，眼看着入不敷出，公司领导层坐不住了。到政府去哭穷，或者坐在家里唉声叹气，都是行不通的。在那样的环境下，这么没出息的做法，只会成为全社会的笑话，成为政府的累赘，也无异于"自杀"。企业本身必须顺应形势，进行大刀阔斧的改革改制，但如何改，并没有好的办法，全国暂时也找不到可以效仿的成功案例。

幸运的是，当时的公司党委还是比较开明的，决定组织大型讨论会，广开言路，鼓励人人建言，帮企业出谋划策。如何适应国家形势改制，如何"找到米下锅"，如何把老国企的人才、管理、制度优势发挥出来，如何让企业在改革过程中立于不败之地、发展壮大等题目，被抛出来，面向广大干部职工征询。总部干部也好，一线工人也罢，不管你是什么身份，有想法都可以畅所欲言。

全公司非常兴奋，思想的活力被激发出来了。几天内，数百条建议、上千个点子，在各种级别、各种层阶、各种形式的讨论中出现并提交了上来。公司领导盘点了一下，发现问题多办法少，老生常谈说困难，支支吾吾拿主意，似乎并没有切实可行的操作方案。刚开始的兴奋慢慢地又开始冷却了。

其实，这次最兴奋的人，恐怕还是我这个管着公司203处几十个人的小"工长"。这么多年，我一直边干、边学、边思考，把自己完全置身于二建的事业和命运中。我有一肚子话要跟领导说，苦于自己身份的卑微，一直没有勇气，也没有良好的时机。现在，机会来了，我能不兴奋吗？我的建言烂熟于心，根本连稿子都不需要准备。在一次我作为职工代表列席的中层干部大会上，当领导点名，让坐在一个角落的我发言时，我拿出豁出去的勇气，大胆地讲出自己积蓄在心里多时的话。

我先讲了一个自己中学时代遇到困难气馁而受到父亲教育的故事。我说，我的父亲文化水平并不高，但他是一个一生数经闯荡、谋取生路的人，他的一切认知，都是基于自己的打拼。而一个人打拼的前提，当然不是有很好的基础，可以一眼看见光明的未来。恰恰是困难当前，走投无路，才激发了打拼的勇气和破釜沉舟的决心。他常挂在嘴边教育我的一句话就是："世上本无路，路是人走出来的，走出来的路就是路。出路出路，走出去就是路。"这句话，上学时我写在作业本上，工作后写在工作笔记本上。我觉得它对我的人生起了很大的激励作用，多少次艰难困苦，都是从这句话里提取能量，获得破冰前进勇气的。现在公司兵强马壮，什么都不缺，不就缺市场吗，缺活儿干吗？过去活儿在政府手上，政府会不断交任务给我们，我们等着领任务就行。国企是政府所办，稳要稳得，横竖不愁。现在活儿在市场那里，我们觉得市场不是一个机构，不是一个人，好像很模糊，找不着北，于是就畏惧不前，有坐以待毙的危险了。分析一下这里面的问题，我觉得至少有三个。第一，我们愿意不愿意一头扎到市场大潮中去，宁可呛水也要把鱼捞？第二，到底哪里是市场的入口，我们找谁去？第三，我们的面前出现目标了，我们凭什么去拿下，拿下后能不能做得漂亮，以此赢得信誉，赢得更大市场？解决了这三个问题，公司就能走上光明大道，再造辉煌。

我说完这三个问题后，沉默了一会儿，整个会场也跟着沉默。主持会议的领导拿起话筒，突然大声说，小于，你讲得好，今天我就在这里做个主，会议剩下来的时间都给你，你好好围绕这三个问题，把你的想法大胆说出来，越具体越好。

全场人吃了一惊，然后鼓起掌来，鼓励我说下去。

"好，感谢领导厚爱！"我大声地说，"第一个问题我不回答，因为它完全在于领导的决心和职工的觉悟。请允许我从第二个问题说起，我先讲一讲我了解的深圳，从那里的建设速度说起。"

六中全会开过之后，我一直在研究新的政策，并关注这种新政策下全国各地的试水先行者，搜集他们的成功案例。我就从深圳的建设速度说起。我说，1984年，央企中建所属的某建设工程股份有限公司用神奇速度完成了深圳国际贸易中心大厦即国贸大厦的建设任务。53层160米高的国贸大厦是深圳最高的楼，当时的地标建筑。主楼开建后，先是七天建一层，后来是五天、四天建一层。从第30层开始，就以三天一层的速度，持续到封顶。这个速度

沧桑风度

在当时西方最发达的国家也不可能实现，而我们的央企实现了。施工后期创下的三天盖一层楼的速度，在当时的中国建筑界，甚至世界行业中，事先没有人敢想象。当时深圳的各项建设都在快速进行中，国贸大厦的施工过程经媒体报道后，成为深圳城市建设的典型被广为宣传。中央电视台播出的一部题为《深圳速度》的纪录片，将南方这种热火朝天的建设情况做了详细的介绍。比"深圳速度"更快的是"蛇口速度"，他们创出的"时间就是金钱，效率就是生命"的口号广为流传。速度是个时间概念，深圳、蛇口为什么需要这么快的速度？这个时间问题，我琢磨了一下，认为恰恰可以用空间来回答。这说明需要填补的空间大，说到底就是那边的市场很大，时间忙不过来是空间需求大的表现，是市场富足的直观反映。

我从媒体报道中了解到，广东沿海一带改革开放的速度远比内地快，国内外机构纷纷在那里落地，有的设办事处，有的开设分公司，更多的是直接投资建厂。大批内地企业在政策的扶持下，开始实施战略性转移，南下成了趋势。国外的一些大企业，也纷纷过来落户。南方沿海一带在相当长的时期内，势必要有大批工程集中破土动工，建设市场空间因此也显而易见。粥多则僧多，竞争当然会激烈。但我们这么大规模的国企，自有竞争的优势，因为目前市场上很多建筑企业都是新组建的，并不成熟，无论是设备、技术还是人才，三两年内跟我们没法比。很多企业缺乏应有的资质和实力，暂时还不能胜任体量较大的工程。

我说，我觉得第二个问题解决了，目标很明确了。还是那句话，路是人走出来的，出路出路，走出去就是路，困难困难，守在家里更难。我们为什么不可以组织一个小分队、组织一个突击队，国家有深圳特区搞试验，我们南京二建为什么不搞这样一个试验田？我们组织一帮能闯能干的人，闯闯南方市场。就当是一支敢死队，闯成了，满盘棋跟着活了，闯不成，损失也就是一支小分队，无碍后方大局。

最后，我说，至于第三个问题，我也不回答了，第二个问题不解决，第三个问题也没啥意义。

第三章 | 我心纵横

领导鼓励，壮了我的胆子，我这"初生牛犊"一口气讲了几十分钟。我讲完后，有的人在那里意味深长地笑，有的人鄙夷不屑地看着我，更多的人为我鼓起了掌。

那时候30岁的我，只是管理一个工种的小工长，虽然已经独立完成过几个工程的施工管理，但在整个工程管理体系里，以及公司人才队伍层面上，实在算不得一个被人注意的角色。公司领导班子里的成员大多不认识我，会后纷纷打听这个小年轻是哪个部门的人，说没想到咱们二建藏龙卧虎啊。我成了公司的新闻人物。我去食堂打饭，阿姨都用勺子指着我，说你就是那个敢在领导的会上"放炮"的小伙子吧。我说，不是"放炮"，是帮着企业喊"救命"。

我这个203处的小工长在会议上的大胆言论，竟然引起了公司党委的重视。党委召开了一次专题会议，研究我和其他职工的意见，制定深化企业改革的措施。

大概一个星期后，我所在部门的经理，通知我去总经理办公室，说领导要直接找我谈话。

公司领导一见我，就把我上下打量了好几眼，然后笑着对我说："小于啊，你提出的组建'敢死队'去闯南方，想法很大胆也很好。可是，即便我们做领导的思想大解放，就这样干，可你都说成是'敢死队'了，谁还敢去呢？大家都希望别人为自己、为公司找出一条生路来，可出头鸟不好找啊。敢想的青年应该也敢干，你肯不肯当这个'敢死队'的领队，去闯一闯啊？"

我从滨海出来后，只到过盐城和南京，当时还真没想到过自己要出省闯荡。我的两个孩子都还很小，老婆又刚刚到南京来，人生地不熟，拖着两个孩子把屎把尿，没了我在身边，怎么行啊。于是，就老老实实回答，只想到这是公司的一条出路，没想过由自己去闯。二建几千号人，数百名干部都是有文化、有想法的人才，挑出一个领头人，组建一个小分队，应该不成问题吧。

领导把他的笔记本在我面前打开，说："你父亲关于出路的那段话，传遍了全公司，我觉得特别好，现在也抄在本子上，作为座右铭。你回去考虑考虑，跟家人商量商量，最重要的是，自己要拿主张。公司党委就看中你了，现在企业需要你，你的名字很好，有家才有国，只要于国于家都需要的事，我看你于国家义不容辞啊！"

我的心情非常复杂，看来组织、家人两边很难双全。晚上回家，我憋了又憋，才跟爱人说了这件事。说完后赶紧补充一句，说："我自己的意向是不去，不能在这个时候丢下你和孩子，事业再大，也得分个时候做，我还是知道轻重缓急的！"

没想到爱人朝我笑笑，一口答应让我去。她说："公家需要的时候，不能做缩头乌龟，再说，你于国家反正是个'吃苦大王'，我就是看中你这点才嫁给你的啊，现在我也算你肚子里的蛔虫了，你那点心思，我还能不知道吗？家里的事你就不要操心了。"

现在回过头来想想，什么叫勇敢？我觉得我爱人就是个勇敢的女人，柔弱并非她的本性，关键时候，尽显巾帼英雄风采。没有她的坚强支撑，我这个男子汉一定是"残缺不全"的。

接下来的几天，我在同事、工友之间摸底，看看到底有没有人支持这件事，有没有愿意跟着我出去干的。问了十几个人，令我欣慰的是，还是有几个人赞成的，也有两个"勇士"表示愿意跟着我去南方闯一闯。于是，我用了一个星期时间，提交了一份对广东发展趋势以及建筑市场摸底和分析的调研报告，作为我对组织的答复。然后，在公司领导的授权下，组织这几个人，和公司签了"敢死状"，背起行囊，南下中国改革开放前沿热土——广东。

"闯广东"，这是我人生突破的又一次新的征程。

十七

1985年秋天，公司党委任命我为南下广州、珠海分公司的副经理，经理由南京总部的领导兼任,实际上就是"全权"由我带队出征。我算升了职了。可我带的这支队伍有多大规模和装备呢?如今说起来,别人未必相信。我们一共7个人,2个瓦工、2个铁工(钢筋工)、1个木工、1个机械工,总公司给了5 000块钱启动经费,我用报纸里三层外三层地包着,24小时随身携带,一行人"浩浩荡荡"南下了。

南下的第一目的地是珠海。那时候的交通状况,跟今天的中国相差十万八千里,走到珠海,真的有一种翻山越岭、千里迢迢、远走他乡的感觉。走的路线是从南京到上海,从上海搭火车到广州,再从广州转珠海。从南京到上海300公里的路程,就要走将近一天的时间。再从上海坐上了48次火车,我记得很清楚,要坐38个小时才能到广州。我们一行人沿途都是站着的,根本没有座位。我们不具备买卧铺票的资格,坐票特别紧张,根本不可能买得到。列车里非常拥挤,我记得到了湖南株洲等地,挑着担子的农民挤上来,挑着猪,牵着羊的都有,人和牲口挤在一起,水泄不通。我们几个都没有出过远门,没有经验,在进入湖南地界之前没有提前上个厕所,也没有预备足够的茶水,进了湖南后挤在一起,根本无法动弹,想上个厕所或者去弄点开水喝,比登天都难。我们一位队友,把憋不住的小便全尿在裤子里了。好在,车厢里本来就臭烘烘的,大家也不在意,没有谁嫌弃谁。

这是我第一次走出南京,以前走的最远的路就是从老家盐城到南京了。

坐了将近40个小时的火车,我们凌晨3点钟到了广州。下车时,大家的脚肿得脱鞋子都困难,好容易脱下的鞋子,再穿就更困难了。

广州到珠海尚未通火车,需要坐3个小时的长途汽车才能到珠海,而不到天亮是没有汽车的。秋天的广州天气还很炎热,气温达到35摄氏度左右,而我们从南京出来的时候,南京的气温仅10摄氏度左右。巨大的温差和疲劳,让我们几乎崩溃。当时的广州火车站,有诸多治安差的传闻。我们这群人,人生地不熟,讲着夹带江苏方言的半吊子普通话,别人听不懂,我们更听不懂广东话。虽然又饿又累,但不敢轻易跟着车站广场出口处那些拉客的人去吃饭,怕被宰。打听一下不远处的招待所,每晚要25元一张床,心理上无法承受这样的"昂贵"。我们只能待在车站熬时间，等天亮了有汽车再走。

有的兄弟快撑不住了，索性一屁股坐在地上，难受得直哼哼。我发现火车站广场边上，有一些老年商贩在叫卖、出租草席子，专门供民工之类的过路穷人露天休息用，要价2块钱1张。看到兄弟们累成那样，我咬咬牙，花6块钱租了3张席子，往广场上一铺，一人一个手提包作枕头，7个人挤在3张席子上，睡到早晨5点多钟。天亮了，雇主也来收席子了，我们赶紧爬起来，拿着毛巾找到一处公用水池，简单洗一洗。

记得那时候，在南京公共服务还是"计划经济"模式，在外面吃早饭的话，要带着粮票或钞票去买筹子，就是筹码，一根筹子代表多少钱，然后拿着筹子再买面条、包子什么的。广州这里完全不一样，只要有钱，几乎什么都可以直接买，无须粮票、筹子这些东西。吃早饭，找个摊子往下一坐，直接点，吃完再现金结账。我们一看这架势，更不敢坐下来了，口袋里那点可怜的钞票，实在是不经花啊。看着放食物的小推车推来推去，卖早餐的摊位吆东喝西，都没有勇气上去搭腔，眼睛却一刻也离不开。兄弟们实在太饿了。最后，还是我上前把买饭程序搞清楚，又厚着脸，一家一家地询价，比较出便宜又实惠的早点，然后买了7份拿过来，兄弟们远远地站着，狼吞虎咽地吃完了。

吃完早饭，大家喝了点不要钱的热水，天就大亮了，火车站旁边的汽车站也开始排队售票。我们买了票，爬上汽车，摇摇晃晃地向出行的目标珠海奔去。

此后的几年，这样的奔波成为常态。创业艰难，为了节约经费，集中极有限的财力开创市场，我提了一个"过生活能省则省、争工程能花则花"的原则，要大家牢牢记住，时时刻刻提醒自己。来来往往，人在旅途，能将就则将就，我自己带头睡广场，喝白水，从未搞过一次特殊。兄弟们一看我这样做，很感动，也羞于谈任何享受，都养成了艰苦奋斗的好习惯。这样艰苦的进出广州必睡广场的习惯，在我的带领下，一直坚持了4年。每次从广州火车站的地上爬起来，看着晨曦映照，心里默默地算下一笔账，25元的招待所变成 2 元钱的草席子，今天又省下 100 多！而 4 年里，我们的队伍，人越来越多，每次"省下"的住宿费用也越来越多。心里默算出一个数字，自己都被吓了一跳，原来我们为国家省了这么多钱啊！顿时觉得这心跟天一起亮堂了起来。

十八

理想归理想，现实归现实，理想要在现实里落地，就没那么浪漫了。

我们这群人来到珠海，几乎是两眼一抹黑，毫无头绪，找谁去要项目？到哪里去找工程干呢？

当然，我也不全是打无准备之仗。在出发前那段时间，一方面做那份提交给公司领导决策层的调研报告，下了一番苦功夫进行"纸上演习"；另一方面，也四处走亲访友，看看能不能在南方找到一点人脉资源。我有一个堂姑父，时任江苏省水利厅的厅长，曾是南下干部，临行之前我去拜访他。果然，从他的言谈中，得知他有一位老战友在南方担任地方领导，据说刚由湛江市副市长调任珠海市副市长。我赶紧把自己为了给企业找生计、到南方去突围的初衷，向堂姑父陈述了一番。堂姑父听了，很感动，说自己的亲戚中，有为了公家的事这么卖命的后生，自己感到自豪。他就当着我的面，写了一封信给那位叫向真的老战友，三言两语追叙旧情后，切入正题，把江苏企业的现状和改革的强烈愿望，以及我代表企业到南方学习先进经验、开阔眼界、开拓新路的计划做了介绍，最后于公于私，双重拜托，请这位南下的老干部、老朋友，对企业、对我个人在广东的发展提供指导和帮助。

这封信跟那 5 000 元启动经费一样重要，一路被我藏在贴身的衣服口袋里，捂得滚热。

到珠海安顿下来后，我第一时间去拜访了向真副市长。当我来到市长所在的小区，看到一片连着一片的高档公寓。当我叩开他家的门，走进他那宽敞的室内，用滨海方言开口喊了他一句"大大"之后，这位年过半百、头发花白的老乡，激动得热泪盈眶。他拉着我的手，说小伙子啊，我出来几十年了，一直没有机会回过故乡，今天听到你地道的乡音，太亲切了，太有感慨了。他还拉着我的手，带我参观了他的房子，宽敞明亮，布置得很高雅。

向副市长意味深长地告诉我，年轻人，这不是炫耀，这是党的改革开放政策给我们带来的利好，广东这边发展很快，不光干部可以住上大房子，各行业的高级人才、创业者甚至打工者，住别墅住洋房并不稀奇，所以，解放思想，加快发展，大家都受益！你亲眼看了南方的改革开放成果，你可以向老家那边多做宣传，我盼望内地也跟上来，盼望老战友、老乡亲都能尽快住上大房子，过上我们革命人为之奋斗的这种幸福生活。

他的一番话，说得我心潮澎湃。我更加坚信了自己的选择。于是，一五一十把南京那边的经济形势、把公司的经营状态和全新战略、把自己的抱负，详细地向向副市长做了一个汇报。向副市长听了后，连连颔首，表示肯定和欣慰。

然而，那个时代的老干部原则性很强，公私分得很开，乡情再浓，也不可能去掺和具体的工程项目。尽管自己的老战友写了信，向真副市长还是明确地告诉我，他不会出面牵线搭桥，直接帮我们拉工程。他向我解释领导干部的原则和市场经济的公平竞争法则。南方的国有企业也面临着同样的窘境，当地的国企纷纷改制，加入市场竞争中去，跟众多社会企业、外来企业"抢饭碗、分蛋糕"。作为领导干部，唯一应该干预的，就是做大市场，并维护竞争的公平，对内对外一视同仁，一样支持，不偏心，不插手。

他的这番解释，确实令我耳目一新。我感受到改革前沿地区，领导干部的观念和风度，真的比内地新得多，开阔得多。

向副市长也让我转告老战友，请他放心，在珠海他会关照这群年轻人。他还说，看了小老乡，听了情况介绍，自己也很放心，有雄心壮志，有思想准备，有后方支持，一定能在这里建功立业，为家乡做出表率。话说回来，这边的市场很活跃，也很大，而且一天比一天机会多，相信用江苏人的勤劳、诚信、专心致志的素质，加上你们大国企的优势，比如技术啊、人才啊、机械设备啊，一般新企业还真来不及积累到你们那个程度，凭你们的优势，只要坚持一段时间，等珠海了解你们、接纳你们后，稳打稳扎，一定能赢得一片广阔天地。

向副市长让我们放下了那颗"关系换工程"的私心，但也坚定了我们自力更生去拼搏的信心。那天，从他家回到临时住处后，我立即召集6个兄弟开会，为了稳住大家，不至于在困难面前垮掉信心，我故意大张旗鼓地渲染了一通拜访副市长的"战绩"，说副市长已经承诺帮忙介绍工程，只是因为刚刚从湛江调来，对珠海的情况还不太熟悉，等过一段时间，他会帮助我们接到活儿干的。

兄弟们听了，很振奋。我话锋一转，要大家出主意，在拿到正式工程之前，这段过渡期我们怎么办？有一个兄弟发言，说得很好。他说，我们本来就是因为企业没有了计划经济的现成项目才陷入困境，逼出来闯荡的，不能又陷入计划思维，完全靠领导帮我们介绍工程，我们得自己找米下锅，几千块钱，坐吃山空，弄不好不是要让南京总部反对我们的那些人看笑话吗？让支持我们的人寒心吗？

我们决定开展走街串巷的"游击战"。

于是，我立即买了两辆旧自行车，从第二天开始，大家必须走出去，大街小巷、城中郊外地跑，只要看到有围墙圈起来的，有把土地搞平的，有塔吊竖起来的这些建筑工地，马上进去，掏出复印的南京二建资质证件，推销自己，希望能得到部分施工机会。

说起来真是既心酸又自豪，两天后，一位兄弟接到了我们来珠海后的第一份活儿。多少年后，当我坐在大地集团总部大楼的大会堂跟经理团队开会，我把这个故事、把我在珠海拿到的第一个"工程"讲给他们听时，我顺便提问这些年轻人，他们猜猜，我第一次拿到了多大的工程？得到了多少工程款？年轻人七嘴八舌，有说几十个亿的，有说不到10个亿的，也有说几千万的。

我明确告诉他们，你们猜得太大了，这是用今天的"大地"视角看昨天的我们。年轻人开始讨论，最后大家趋同于只有三五百万。我仍然摇头。一位经理站起来，大胆地说：

"于董事长，我斗胆猜一下，不到百万级，可能只有几十万，是个很小的工程。不是小看你们当年，毕竟，你们人生地不熟，又是游击战，拿到像样的规模性项目，不太可能！"

我竖起两根手指。会场响起一片惊叹声，说，20万，只有20万哪！

我打断了他们的惊叹，大声说："你们的眼界太大了，让你们回到前辈的时代，你们直接崩溃。我告诉你们，真实的数字是2 000块！"

会场上顿时一片寂静，时间仿佛凝固住了。我又大声重复了一遍，说我没有说错，你们也没有听错，是2 000块，2 000块啊。

大家瞪大了眼睛，然后哗哗地鼓起掌来。

2 000块是一个"蚂蚁工程"，但它是我们南下敢死队打响的第一枪，即便它打出去的算不上一发真正的子弹，但它是一颗照亮了希望星空的信号弹。为此，我拿出自己的工资，专门请兄弟们在街边小馆子里吃了一次庆贺饭。此后，我们用这种"游击战"的方法，陆续在城市的角角落落开工，今天3 000，明天2万，后天800，大后天1.5万，大多是一些修修补补的零工。

两个月后，一个周末，我再去拜访向副市长。他看到我，笑着说，我正在担心你们会不会饿死呢，看来，活得还不错，看你结结实实，精气神儿挺好啊，快告诉我，这段时间你们都是怎么过的。

我如实向他汇报了我们"打游击"的情况。他听了很感动，向我竖起大拇指，说你们这群年轻人有希望，家乡的企业有希望了。然后，他说，原先以为你们代表大型国企出来，肯定要接就接大工程，起码得是一栋楼，没想到你们能放下身段，完全像民工一样吃苦耐劳，不计较大小，这样就好办了。

然后，他告诉我一个信息，珠海市政府正准备维修几幢宿舍楼，正准备招标。他说，工程不大，对你们南京二建来说，肯定算是"零活儿"，但既然你们是来这里寻找市场、寻求发展的，也有了这段时间不计大小、不辞劳苦的摸索，不妨参与一下，万事开头难，这个头如果能开好，至少可以在政府系统做出一点好的声誉来。

我立马表态，愿意干，马上回去准备材料，参与招标，如果能中标，一定保质保量，按时按点完成。

我们的大后方南京二建，毕竟是一个大型国企，我们的资质，我们能提供的材料和配备的工程力量，都是一流的。在顺利通过了资格审查后，我们以最合理的价格、以最优的质量保证方案，以及最短的工期保证，一举拿下维修工程。

中标第二天，市政府办公室负责后勤的同志就跟我联系，让我立即动工。我先把6人队伍带进了宿舍区，开了工。然后紧急从后方调集增援。我对兄弟们说，这个活儿大家一定要干漂亮了，不能有一丝一毫的质量问题。我心里自有一个小九九——市政府的宿舍干好了，虽说工程小，但说服力强，或许，会成为我们在珠海起飞的信用激发点啊。

我们兑现了承诺，我们保质保量保安全，且提前三分之一的工时，完成了维修任务。珠海的主管部门前来验收，认为完全合格，且质量优秀。市政府特别满意，进驻的干部一传十、十传百，很快机关单位都知道珠海有个南京二建的工程队，干活儿实在。

通过这个工程，我自己也跟不少干部认识了，成为好朋友，他们有些零活儿需要，纷纷来找我。我们继续在珠海打着"游击战"。如此半年多的时间里，我怀揣国家一级资质的证件，几乎走遍了珠海城，骑坏了两辆自行车。我对珠海的熟悉，超过任何地方，脑子里至今有一张20世纪80年代中后期珠海的"活地图"。

而南下的"兴奋点"，此时也越来越近了，近得听见了心跳。

十九

第二年春节过后不久，回到珠海的我们，迎来了南方的第一场春雨。

春雨一下就是好几天，雨期过后，阳光照在澄澈的大海上，无比壮丽。我特地带兄弟们去外伶仃岛游览。在岛上，我们登高望远，低处可见伶仃洋上，万州群岛如星罗棋布；远处，云雾中可见香港地区高楼林立。我们大部分人文化水平都不高，但对文天祥《过零丁洋》的著名诗句"人生自古谁无死？留取丹心照汗青"都能脱口而出。1984 年中英《关于香港问题的联合声明》发布时，为之振奋的情景，也犹在眼前。我和兄弟们在岛上，以伶仃洋和香港为背景合了一个影。我们身边的珠海、深圳等也在迅速拔地而起，明天这些我们正在参与建设的城市，就会如对岸的魔都。我和兄弟们发了一通感慨，我说，我们要眼里有摩天大厦的高度憧憬、心中有汪洋大海的激情澎湃，文天祥可以用生命写历史，我们怎么不能用青春写现实？

兄弟们很振奋。虽然我们的队伍还在小型工程中打转，但这转的范围在一天天放大，接活儿的频率在加快，至少我们在这个曾经陌生的城市立住了脚，也能养活自己的队伍了。我们已经从生存挣扎，迈向了发展追求。

这一年没有辜负我们的期望。不久，我在公告中发现了一个适合我们二建承办的公开项目——珠海石油大厦工程。我们决定拼一拼这个项目。我通过南京总部，迅速调集技术骨干，研究制定项目的规划设计和招标书，连夜去现场勘察地形和环境，然后设计出一份针对性极强的应标书。最后，南京二建以当时国家最高资质——一级建筑资质，以及充分的专业技术能力和精准的项目建设论证书等明显的优势，一举拿下了 4 万多平方米的珠海石油大厦工程。这个项目标志着南京二建珠海分公司南下事业取得了突破性的进展，从"游击战"进入"集团军作战"时代。

竞标成功的那天晚上,总部领导亲自给我打电话,祝贺、表扬加激励,并叮嘱我,一定要代表他,请我们7个人吃个晚饭。领导在电话里说,我知道你们这些日子,挺过来不容易,公司领导也很心疼你们,但是这之前不能跟着你们喊苦,怕你们心理上架不住啊。

晚上,为了"落实"总公司领导的美意,我约兄弟们出去吃庆贺饭。路过几家大酒店,还是没舍得走进去。我们在街头找到一处大排档,点了几个菜,要了一瓶白酒。倒酒前大家还在欢笑,酒倒完后,竟然全部沉默了。大家低着头,都不去端酒碗。借着街头路灯昏暗的灯光,我惊讶地发现,弟兄们的眼泪正一滴一滴地掉在酒碗里。看到弟兄们这样,我也忍不住泪流满面。千言万语,都在这烈酒中啊,汩汩地流着了呀。这泪,也绝不单是因为我们吃了多少苦,挨了多少累,受了多少气,承担了多少压力,背负着多少担当,也有一种万木焕春般的感动和喜悦,为自己的坚韧感动,为二建公司在改革开放大潮的生死存亡关头,终于通过不懈的奋斗迎来了转机而喜悦。

拿到4万多平方米的珠海石油大厦工程,对公司来说意义重大,对我来说也是一个沉甸甸的任务。拿到工程只是这场大战役的第一个胜仗,后面还有更多、更难的仗要打,而且,只能胜利,不能有任何失误。如何组织千军万马把项目做好,能不能通过这个项目,成功地把南京二建广州珠海分公司的牌子竖起来,必须要有深谋远虑的智慧和稳打稳扎的精神。诚信问题、质量问题、成本控制问题、进度问题、安全问题,如何为业主服务的问题等等,我都必须思虑周全,随时成功应对和解决。项目越大,影响越大,一锤定音,决定命运。成功了,从此分公司会带动整个二建,转轨进入市场的良性循环;失败了,不但我们无法再在南方立身,整个二建在南方的声誉,也将遭到重创,我们这群人只能打道回府,甚至连打道回府的脸都没有。来珠海后,再苦再累,我都是吃得香睡得着的。可自从拿下这个工程后,我连续多少天,都处于失眠状态。

中标方给我们提出的要求就是,保质保量保工期。保质保量完全没有问

沧桑风度

题,二建的施工质量,从来没有出过纰漏,可在这保质保量中抢时间,就需要管理科学、技术过硬和敢于拼搏了。

好在,周边环境对噪音限制不大,我提出了"吃三睡五干十六"的战斗口号,就是每天吃饭花去 3 个小时,睡觉花 5 小时,干活 16 个小时。然后再安排轮换班次,无缝交接,确保 24 小时不间断施工。

我们连续作战,惊动了当地的不少工程队,他们到工地上来看稀奇,回去添油加醋地描绘我们的"疯狂"。大楼没有竣工,我们的名声已经传遍四面八方。当然,说起来轻松,做起来,所经历的艰辛曲折,难以想象。最终,我们在珠海的第一个大项目,就这样花了很短的时间,百分之百地完成了合约。大楼落成,成为珠海当时最快最好的标杆工程之一。在验收和评比中,以高分通过,并拿下了当时江苏省建筑工程领域的最高奖——"扬子杯"大奖。

开业典礼上,时任广东省副省长、建委主任,珠海市委书记、市长,南京市副市长、建委主任等一批领导都前来祝贺,兴致勃勃地参观大楼,后来还陆续组织当地的企业,前来参观学习。珠海石油大厦项目,一炮打红了南京二建。它的巨大影响力和循环效应,很快体现出来。在此后 3 年左右的时间,我们南下队伍在珠海和广东的其他城市中山、广州等地,连续拿下累计产值数十亿的 30 多个大项目。三位数的承建大厦,如雨后春笋般拔地而起,画出了一张漂亮的"二建闯广东"蓝图。

"出路出路,走出去就是路。困难困难,守在家里更难",我在会议上的豪言壮语,得到了现实的兑现。后方振奋了,"走出去的于国家"及其小分队,成了南京二建改革的急先锋,为企业输入了全新发展的"活血"。

二十

那位任命我当率队经理、告诉我把我父亲的话写在笔记本上的领导，后来跟我说，于国家啊于国家，我们让你带一个"敢死队"，结果你发展出好几个"敢'活'队""拓展队"，让整个企业一下子冲出南京，纵横"三国四方"、你和兄弟们，功莫大焉！

有了第一支先头部队的胜利做先导，南京二建总部吹响了冲锋号，决定实施"三国四方"战略——主力向前移近，向改革开放的前沿进军。南京总部源源不断地增派南下队伍，在广东的各个中等城市设立分公司，广州分公司、珠海分公司、深圳分公司、中山分公司纷纷成立。南京二建由此华丽转身，由举步维艰变为积极主动进取。自从有了"珠海石油大厦速度"，深圳、珠海、广州、中山等几个城市，在短短的几年当中，就有南京二建承建的好几十栋大楼，几乎是一夜之间拔地而起。南京二建迅速在南方打响，声名鹊起。当年，这几个南方最活跃的开放城市中，一些标志性的建筑，南京二建的工程至少占百分之十以上，受到业界的瞩目，以及媒体的聚焦。5年内仅在广州就建成了总量三四百万平方米、产值超百亿的工程，每一个项目都获得了优质工程奖，品牌效应凸显。

我的工作做到如此程度，个人不可能不被关注。南京市政府、市建委建工局以及南京二建总部，多次组织过研讨会、报告会，总结南京二建走出去开拓市场的经验，安排我和我的团队介绍创业事迹，激励业界向我们学习，勇当排头兵，纵横蓝天下。

在一片喝彩声中，我踌躇满志。写到这里，我真的要停下手中的"礼炮"，倾听一下记忆里曾经出现过的"不和谐"声音。

分公司有一位从总部派来的老同志，平时在工作中是唯一一个敢对我指手画脚、时不时泼泼冷水的人。我当时年少得志，已经不爱听这类"冷言冷语"了。慢慢地，心里有些反感他，跟他的关系也时冷时热，处得疙疙瘩瘩的。年终，总公司派人来考评我，我想这个老同志肯定会投我的反对票，特别担心他坏了我的好事。谁知道考评结果出来，我是全票通过，显然，老同志投了赞成票。不仅如此，这个老同志还专门对考评的同志推荐我，要求把重用我的建议带给总部领导。他说，小于是个难得的人才，敢闯敢拼，能吃苦，顾大局，有长远眼光，为公司立下汗马功劳，人如其名，置个人利益、小家利益于度外，一切围绕企业发展，国家利益至上，用好这样的年轻人，企业得力国家受益，还能在全公司形成良好的导向，为何不用？当然，年轻人需要打磨，我个人倚老卖老，经常跟他意见相左，争执过不少次，都是为了事业，也是为了防止他骄躁。他脾气盛，当时不服，但我注意到，我说得有道理的意见，他在工作中都吸纳了，这样的年轻人，气量和风度了得，我打心眼里佩服……说实话，得知这一切后，我既感到意外，又十分羞愧。

这件事使我一下子认识到，做人的学问，不比做事业的学问简单。我开始盘点自己在节节胜利中，忘乎所以的一些言行，冷静地思考南下几年的得失，尤其是"失"，因为"得"被公认，被一片叫好，已经不是思考的重点。这不就是辩证法吗？大概也是从那个时候起，我才惊觉我从前读的那些人文类书籍里，所传达的哲学智慧，是多么的奥妙，多么的精辟。

后来，我专门请这位老同志吃了一顿饭，向他表示感激，并心悦诚服地让他今后继续"唱红脸"。宝贵的意见出自坦率、真诚的人。他也敞开心扉，直言不讳，说自己年龄上可以做我的长辈，说话时感觉是对着自己下一代，知无不言言无不尽，没有考虑委婉些，年老的人说话容易犯经验主义错误，有的能说准了，有的的确观念落后了，但无不出于为对方好，为年轻一代着想。你争辩说明你在乎我的意见，说明你在思考了，我心里其实是很高兴的，怕就怕我们说话，你压根儿不当回事，甚至连个情绪都没有，那才是悲哀。

从此，该老同志成为我的知己。

"南下"是企业和我个人的事业转折点，那也是我性格走向成熟的关键几年。同样是这位老同志，在后两年公司向广深珠不断布兵的高峰期，当我对这种战略倾斜开始质疑，向他倾诉自己的犹豫和担忧时，他说了几句令我醍醐灌顶的话，使我下定了一个决心。这个决心，也使我后来的人生再次发生重大的转折和跳跃。

当时广东建筑市场这块金光闪闪的蛋糕太引人注目了。全国各地众多建筑商无不虎视眈眈地盯着，纷纷屯兵进来。竞争态势愈来愈惨烈，市场开始出现"僧多粥少"的局面。这种局面一旦出现，无序竞争、恶性竞争就相应出现，对市场和竞争者之间造成的扰乱与伤害不可避免。中国建筑业市场不知不觉中，从第一轮的新军群起，进入第二轮的洗牌阶段，一批没有过硬竞争能力的建筑企业纷纷倒闭。优胜劣汰是市场竞争的内在规律和必然趋势，可以从中得利，也可以被其伤害，任何一个企业都不能回避这样一个事实。江苏省内已有多家建筑企业驻扎广东，在项目招投标的过程中，兄弟阋墙、相煎太急的情况时有发生。我们到底要不要继续把精锐部队扎根在此，还是实现战略转移？如果继续扎根，凭着惯性，分一杯羹当然不成问题，但风险也越来越大，船大掉头难，很可能会重蹈计划经济与市场经济交割期的那种青黄不接的覆辙；如果让总公司调整战略，转移目标去新的战场，公司极有可能让我这个"敢死队长"再次出击，那我又得吃一遍在广东的这种回头苦。

一时间，我被这种纠结弄得寝食不安。

老同志给我背诵了两句毛主席诗词，"宜将剩勇追穷寇、不可沽名学霸王"，他说，南京二建在广东市场上已经接近"霸王"的地位，树大招风，正受到"围剿"，不可再"沽名"恋战了。换个地方，剩勇可追"穷寇"啊。

然后，老同志笑了，说其实小于你早已研判出了这个形势，明白了这个道理，你只是担心自己能不能放下成功的包袱，重新挑战一场新的磨难。依我看，江山易改本性难移，你的秉性就是一个不服输、不怕苦，又有着强大使命感的人，你不去做谁去做？谁让你的爹妈给你取这样一个名字呢，男子汉血气方刚，于家于国，纵横四海正当时啊！

他的一席话，使我的心更加明亮起来。

沧桑风度

不久,在接待省、市建委的领导来南方的一次考察活动中,我大胆提出了我的顾虑和转移战场的建议。与其与众多建筑企业在同一方土地上相互内耗,不如把优势兵力转移到新的战场上。建委的领导正是为此而来的,与我一拍即合,回去就召集南京二建的领导开会,希望二建能够顾全大局,带个头,从广东撤出一批精兵强将,到新的特区海南去攻城略地。南京二建虽然在广州、深圳、珠海等城市,拥有足以令人羡慕的市场份额,但还是做出了局部防御与扩大战场之间的战略调整。选择具有开拓精神的、有经营力度的、懂经营擅管理的人员,派往更前沿的市场,向海南进军。

果然,总部领导把带队人选锁定在我身上。当时我刚接下了珠海、广州等地 10 多栋大型建筑工程项目,几十万平方米的工程量,有的才刚刚签完合同,这些战绩足以让我在广东坐收渔利三五年。但是,"馊主意"是我出的,我又是一个如此不安分、爱闯荡的年轻人,我于国家不下油锅谁下油锅呢?

"请到天涯海角来,这里四季春常在。"1988 年,我被派往海南岛组建分公司,开疆拓土。高温热土的海南,真的可以四季如春,但歌曲可以唱来创业者的脚步,却未必唱得走创业者的万千艰难。临行之前的夜晚,我爱人默默地把我在广东这几年珍藏的来往火车票拿出来,码在桌子上,一边数,一边流眼泪。

南京到广东,整整 49 张去程票;广东回南京,整整 48 张回程票。其中只有一趟,为紧急处理突发事件,坐了飞机。

我问爱人为什么要流泪,她说,你知道 49 张火车票意味着什么吗?我回答说,意味着这几年我来回奔波了 49 趟。

"不",我爱人抹着眼泪说,"意味着你这头牛马一样的人,睡了 49 次广州火车站广场!"

第四章

到中流去

  耐力在某种程度上比爆发力还要重要，世上的任何困难膨胀到了极点才会分崩离析，这个时候成功也才会姗姗而来。而且，困难的地方比舒适的地方机遇要多得多，遍地俯拾的一定是废砖残瓦，踏着大浪去淘沙，寻寻觅觅得真金。

——于国家

第四章 | 到中流去

二十一

这一年的春节过得不寻常。

总公司领导担心我一旦从广东回到"老婆孩子热炕头"的生活,过一个热乎乎的春节,"斗志"会被消磨掉,若是来一个大反悔,不肯去海南怎么办。于是,在节前紧急开会通过了对我海南分公司经理的任命。为了能过一个"太平年",暂且让老婆孩子宽心,我把文件藏在口袋里,然后告诉他们,这件事并没有最终确定。

听说没有确定,我爱人的心情好多了。整个春节,都在做我的思想工作,并利用走亲访友拜年的机会,动员亲戚长辈劝我"安分"一些,一生闯一次就够了,不要去闯那"蛮荒之地"。我含含糊糊,不说是也不说不是。

过了正月初五,我就开始调转"舆论导向",一个劲儿"描绘"海南岛如何美丽,岛上的物产如何丰富,人们的生活如何悠游自在。我爱人终于听出了我的弦外之音,知道我决意要闯海南了。她流泪,失眠,第二天一早,对我说:"你这个人的犟脾气,万吨货轮也拖不动。如果海南岛真像你说的那么好,为什么总公司要让你这个出了名的吃苦大王去?这么美的差事,大家不得争着去吗!"

我诅咒发愿地告诉她,海南真的是一个好地方,满海鱼虾,遍地生金,正是可以为公司开创宏图大业的大好目标。企业有饭吃,我们才不饿肚子。企业做成金锅锅,我们捧的才是金饭碗。

看我这样坚决,我爱人不作声了。她有一个了不起的特点,几十年来,不管什么事,只要组织需要,对国家有利,她绝对不会真正阻拦。那次,她沉默了两天,我知道她有点较真,也是真心疼我,所以做着最后的"软抵抗"。到了正月初十,我开始收拾行李,她突然说:"我没有理由阻止你为单

沧桑风度

位卖命，但我就是不放心你会不会吃广东 4 年那种苦，你已经不是真正的小伙子了，35 岁，人到中年，没有那么能扛苦了吧。所以，我要陪你去看一下，那里到底条件怎么样。"

我也没法拒绝她这点可怜的要求了，就带着她去海南，让她"考察"一下，好安心在家带孩子。那时候，我的大儿子才 8 岁，刚刚上小学，小儿子 6 岁，还在上幼儿园呢。

其实，为了"有备而来"，年前我已经带着几个准备跟我干的兄弟，专程到海南调研，提前做做功课。按照战略计划，我们将选择三亚作为海南市场的突破口。那时的海南岛是广东省的海南行政自治区，来年的 6 月才正式建省。

去海南的旅程复杂、艰难程度，远大于当年去珠海。我们需要从南京乘坐长途汽车 8 到 10 个小时到达上海。然后从上海坐火车三十八九个小时到达广州。到了广州，如果选择水路去中转地徐闻，一般要滞留到第三天早晨，才会排到船票。如果不愿意滞留，选择公路，则需要从广州乘坐大巴到湛江的徐闻，800 多公里，最好的路段是一级公路，多处需要穿越乡村公路，甚至偏僻的田间土路，平均一个小时走不到四五十公里。到徐闻至少要花二十来个小时在颠簸不堪的路上。然后在徐闻等船，一般最少要等 3 个小时才能等到上船机会，经一个半小时海上剧烈摇晃后到达海口，再从海口乘车 300 多公里到三亚。也可以选择水路，从广州直接乘船到三亚，但海上的行程很远，需要在浪里颠簸四十几个小时，晕船的人绝对吃不消。

我们坐船路过琼州海峡，就遭到"迎头一击"——台风一上来，船就停了，晾在海上几个小时。登岛一看，又是一盆冷水迎面浇过来。那个光景啊，满目荒凉，跟珠海这样的城市完全没法比。大家的心都凉了。

1988 年的三亚湾可远没有今天的宜人风景，乌黑的沙滩，散落着许多的垃圾。沙滩附近，当地的渔民用椰子叶编成篱笆围成一圈，这就是家了，妇女和孩子就住在里面。打上来的鱼运不出去，只能晒成鱼干。不能及时卖出去，又无法冷藏。走几十户人家，也看不到一件像样的电器，冰箱是绝对没有的。这些鱼干，有的任其发臭，有的就磨成鱼粉，用来做饲料。整个三亚城其实就是一条石板路，用三十公分宽的两块青石板搭成。就这条石板路，还轮不到人走。渔民打上来的鱼，全部放在青石板上晒。六七十摄氏度的气温，满大街的臭鱼味，戴着口罩都挡不住恶臭。飞来飞去的苍蝇，有蚕豆、花生米那么大。三亚人全部穿黑衣服，起初还不理解，后来明白喽，要是穿着白衬衫上街，一个小时就会变成黑的，会黑压压地全落上苍蝇屎啊。

海南展现给我们的市场，就是一望无际的"荒地"，其他几乎一无所有。我们马上彻底明白，这将是一场比珠海创业更艰难的战役。我们依然必须从"找米下锅"开始，但这个地方显然不像珠海那样日新月异，各种工程项目星罗棋布，它毕竟是一块未开垦的"处女地"啊，哪里有那么多"零活儿"呢！从大活小活都要干的"游击战"干起，我马上发现，原先这条路走不通啊。还有一点，海南的市场环境，和广州、珠海、中山是没法比的，广州、珠海、中山是成熟的城市群，是国家最早规划的开放特区，且靠近香港，近水楼台接受到港澳的辐射。而三亚这样的城市，当时不要说跟珠三角城市比，跟内地的很多普通城市相比，也望尘莫及。当时跟江苏的城市相比，至少落后 30 年。通信就更不用说了，打一个电报，还是加急的电报，得 3 天才能到南京。要打一个电话，下午两三点钟就得到邮局去排队，挂那种流水号，打到南京时，已经是夜里两三点钟了。在"一无所有"的舞台上，如何施展我们的"拳脚"，没有套路可行。我面临的其实是一场扎扎实实的新战役。

提前考察获悉的情况，并没有完全吓倒我。有了珠海创业的经历垫底，至少有一点资本是可以用的，这就是：勇气！恒心！智慧！

我对外面的世界，向往、挑战的热情要大于畏惧，我是不会轻易畏缩的。珠海给我最大的收获，还不仅仅是有了战胜困难的勇气，而是多了一些辩证的人生智慧。只有急躁的人才天真地相信"一帆风顺"和"满载而归"这样的好事会同时发生。实践给予我的信条是，耐力在某种程度上比爆发力还要

沧桑风度

重要，世上的任何困难膨胀到了极限才会分崩离析，这个时候成功也才会姗姗而来。而且困难的地方比舒适的地方机遇要多得多，遍地俯拾的一定是废砖残泥，踏着大浪去淘沙，得出的才是真金白银啊。

农历正月十三，我就带队登岛。我爱人在一路颠簸中，几次呕吐。折腾到岛上，吃不下饭，睡不着觉，感觉半条命都没有了。我一边忙着"安营扎寨"，一边跟当地的建设主管部门对接。开发海南岛，我们这支队伍算是最早的一批了，当地政府特别热情，表达了诚挚的欢迎。市建设局负责对外联络的一位副局长听说我爱人也来了，就亲自跑到我们的临时住处，邀请我到他家里吃饭做客。这让我很高兴，我爱人也赶紧强打着精神，起来跟我一起去副局长家。领导这么欢迎我们，让我精神倍增，我爱人的心情也好了不少。

然而，走在去副局长家的路上，我爱人的情绪一落千丈。只见街上面就两行青石板铺着，剩下的都是沙子路。两块青石板也不光是给人走的，都被两边渔民住户占道晒上了鱼干。在青石板上晒，石板暴热，鱼就快速脱水，干得很快。鱼干上面爬满了指头大的苍蝇，人一走过，苍蝇轰一声起飞，有的撞在脸上，有的落在头上，手一抬，赶走，手一收，又是一群扑面而来。走路只能走在沙子里面，一脚下去，鞋子就陷进去了，沙子漫上来，灌进鞋子里，马上把脚上的皮磨破了。青石板上的死鱼散发着浓浓的腥臭味，熏得人头昏眼花，胃里翻江倒海。

当时的三亚，基本上都是这样的沙土路，水泥路是难得一见的"豪华"路段，只有在自治区办公大院等很少几个地方可以见到。

到了副局长家，我们几乎惊呆了。没想到，从住房到屋内的陈设，那景象比我们20世纪五六十年代的苏北农村还要寒酸。吃了一顿饭，他们生活方式的落后、生活质量的低下，也大出我们的意料。我们小时候，苏北农村人家吃饭时，最多是猫啊、狗的等在桌旁，人吃剩下的骨头什么的，随手扔在地上，猫狗就捡着吃了。可这位副局长家里，潮乎乎的泥地上，两只大肥猪在桌旁走来走去，饭厅跟猪圈完全不分，连成一片。酒菜一端上桌，马上叮满了苍蝇,手一挥,嗡嗡起落。我爱人见了,哪里吃得下去,就一直打招呼,说自己一路晕船翻胃,身体还没恢复过来。

很多菜不经过我们熟知中的烹饪过程,而是直接端上桌生吃。比如鱼和虾,都是直接剖了,水冲冲,用槟榔汁和沙姜酱油浇一浇,就算制作完成,直接开吃。我怕伤了人家自尊,辜负领导的一片好意,借着白烧酒,闭着眼睛,把这位局长夹给我的鱼肉,狼吞虎咽了下去,并一个劲儿说海南的东西好吃,夸嫂夫人手艺好。

事后想想,这可是副局长的家呀,也算是有头有面的领导干部了,过的竟是这样的生活。不难想象普通老百姓家里会是什么样子。

这位副局长的确是个好干部,是一个热情、坦率而又乐观的人。他不回避海南落后的真相,说正是因为落后,一张白纸画蓝图,反而更有利于建设全新的特区。现在白纸摊开了,急需要开发大军来挥笔描画,所以我们天天盼望兄弟省份来投资建设,尤其欢迎你们江苏这样发达省份的大企业多多进驻啊。

三杯酒下来,他还笑谈海南的落后面貌,说起了改革开放后,陆续来海南创业的人们如何克服在这里的生活困难,同时为海南编排了一个"十八怪"的段子。他说,不被这"十八怪"吓走的人才能留下来,与海南人民共创明天的辉煌。所以,亲爱的兄弟,海南欢迎你,但你务必要打败这"十八怪",才能真正与我们融为一体,也才能真正成为祖国宝岛的垦荒人、开拓建设者,等"十八怪"将来消失了,变成"十八美""十八强",变成百八、千八、万八之好,我们这一代人才能算是真正的有功之臣啊。

接着,这位副局长用筷子敲着碗碟,吟唱出"海南十八怪"——

一怪,三条沙虫一碗菜(极言沙虫之大。还有版本说是"三只苍蝇一盘菜",这就更恐怖了);

二怪,黑花蚊子把人害(黑花蚊子个头大,毒更大,被它叮一口,身上立马肿个大包。被蚊子叮了中毒而死,在那里并不奇怪);

沧桑风度

三怪，三只老鼠一麻袋（老鼠多而肥硕，《诗经》里写的"硕鼠硕鼠"，这里的完全够格）；

四怪，一条蚂蟥当腰带（蚂蟥大得像小带鱼，很是吓人）；

五怪，头上斗笠当锅盖（海南的太阳很毒，出门不戴大斗笠，会晒成人肉干的）；

六怪，四季牛屎马路盖（没有什么太明显的城乡分界，猪啊牛啊在街道上晃来晃去，随地大小便）；

七怪，四面环海无鱼卖（指琼中一带）；

八怪，老太太爬树比猴快（海南人从小爬树，摘香蕉、采椰子，练就一身爬树本领，不分男女，往往男人出海，女人在家侍候园子，所以小姑娘爬树爬成了大媳妇，大媳妇爬树爬成了老太太，男人一生不离海，女人一生不离树）；

九怪，大姑娘长得像老太，老太长得像妖怪（这就是审美的时代局限了，那时候大家都认为白、胖就是美，晒得黑黑、长得瘦瘦的海南人，不符合那个时代中国人的审美罢了）；

十怪，挡车的牛群爱耍赖（放养的牲口，当然任性）；

十一怪，短裤穿在长裤外（这种穿着习惯，我当时还真没看懂）；

十二怪，牛脚坑水洗白菜；

十三怪，臭鱼烂虾满街晒；

十四怪，大姑娘抱着孩子谈恋爱；

十五怪，牛尾下雨牛头晒（天气变化无常，一块云一片雨，眼睁睁看着一边下雨一边晒）；

十六怪，牛比警察还厉害；

十七怪，牛车跑得比火车快；

十八怪，一条裤子穿三代（最后这一怪其实是关键，这一切除了自然条件所致，更多还是一个"穷"字造成的）。

第四章 | 到中流去

副局长边唱边解释，当时的"海南十八怪"有好几个版本，反正没有一个是说这里好的。这是比较流行的一个，所说的情况，虽然语调夸张，但情况基本属实。顺口溜中描述的风土人情，是由海南闭塞孤岛的狂野自然环境造成的。

说着说着，外面刮起了大风，飞沙走石，天昏地暗，大雨瓢泼。水很快从破门槛外流到屋里，我们和猪一起，仿佛漂在了水上。

副局长根本不管这些，一看就是习以为常了。他端着酒碗一个劲儿劝我多喝几两。他呵呵地笑着说，在内地你们可能从来就没有见识过十级以上的大风，在我们这里，十级是台风的"起步价"。海南岛嘛，台风是常客，五天一大，三天一小，十五级、十六级、十七级的台风说来就来，说走就走，成了岛上来得最勤的"客人"。最早有一批东南亚的商人过来做生意，竖起广告"高炮"宣传他们的产品。结果，刚竖起来，台风就到了，十五级、十六级，像鞭子一样，能把所有广告牌都扯了下来。商人们傻眼了，只能庆幸没把人吹到海里去啊。

从副局长家告辞出来，我忧心忡忡。自己本来想利用领导请客的机会，在爱人面前炫耀一番自己如何受当地领导礼遇的，哪曾想到见到这番情景，听到那般奇闻，估计我爱人被吓坏了，说不定会拼死反对我走这条路。

可出乎我意料的是，爱人反而淡定了。她说，既然条件这么恶劣，你又执意来开疆拓土，我没有理由不支持你，但这样的环境，你的生活也让我放不下心，如果你不反对，我索性带着孩子来这里陪着你，亲人间好有个照应。

这回，轮到我感动得热泪盈眶了。

二十二

像当初在珠海一样,我们从打游击开始,奔走在寻找项目的路上。

过了大半年时间,我接到了在海南的第一个大项目,就是三亚第一家大型宾馆——金陵度假村的建设。这个项目由南京市旅游局与三亚市旅游局合作建设,南京投资,三亚出地,两地政府非常重视,南京视之为参与海南大开发的试水项目,三亚视之为招商模式的实验项目,两方都有着很高的期望值。当时三亚没有一家像样的宾馆,只有一些规模特别小、条件特别差的小招待所,一走进去,破床烂柜,一股海风海水侵蚀过的咸酸霉变气味弥漫开来。如果有贵客到来,特别是海外投资商过来考察,政府接待能提供的最好场所,就是一家名叫鹿回头的国宾馆,但也不过就是几排水泥地的平房,跟当时江苏农村中等收入农家的住宅,条件相当。

南京投资建设金陵度假村,是三亚、也是海南省第一家达到三星级的度假酒店。酒店由东南大学设计院设计,描画的建筑外形像一艘轮船,坐落在大东海的沙滩上。规划消息和图片在媒体发布出来后,立马在三亚引起轰动,甚至工程还未动土,已经有当地老百姓到工地附近来"参观"。我一下子感到,这个工程对我们,比几年前在珠海拿到的石油大厦工程意义还要特殊——珠海石油大厦不过是我们在珠海的第一个大工程,而金陵度假村酒店,不光是我们在三亚的第一个大工程,还是三亚本地的第一个招商引资大项目啊。再者,三亚的建设基础条件要比珠海薄弱得多。海南刚刚成立特区,特区还处在"名分"抢先到位、硬件从头来起的"初级阶段"。大量投资者一夜涌来,争的也就是参与开发的新机会,其他只能靠各显神通。城市配套条件极其有限,施工建设基本上是在无水、无电、无路、无通信的情况下进行,是真正在荒蛮大地上造现代建筑。最要命的是,我们得到的这个项目,

于会长夫妇

两个儿子

于会长和儿子们的合影

沧桑风度

是个"四边"工程。何谓"四边"呢？就是献给海南特区开办启动的"贺礼工程"，项目的资金并没到位，甚至设计方案才只出了一个外观图，一切细节都没有完成，所以，就成了边筹集资金、边设计、边报批、边施工的"四边工程"。

工程仓促于欢庆海南岛建省办经济特区的鞭炮声中破土动工。总公司领导下达命令，要克服一切困难，建设好金陵度假村，因为这是一个形象工程，更是一个"政治工程"，可以说，它鸣响的是南京市甚至江苏省积极响应国家号召，投身海南开发建设的第一声礼炮。

金陵度假村开工建设，面临的第一个问题就是人手奇缺。海南不缺人，但缺手艺人，当地人除了种地、打鱼，几乎没有其他技能，很少出去打工。本土民工奇缺，因处在发展初期，商机极少，全国各地来这里打工的人也寥寥无几。我们集团可以调集主力军，但当地招不到小工，必须从南京招工，然后再组织开拔到海南工地。

第一批进场施工的管理人员加上工人，有361人。进岛的第一个星期，几天内，大部分人就开始出现水土不服的症状。岛内的环境卫生太恶劣了，不是说"三只苍蝇一盘菜、三只老鼠一麻袋"吗，这"十八怪"开始奏效了，好多员工上吐下泻，泻到最后全是血。海南省的医疗条件差，有一个农垦医院，是海南省最大的医院，361个人，进去了354个，只有包括我在内的7个人没有倒下。300多人一下子涌入医院，那阵势真是吓人啊，医院走廊全都堵住了，住满了我们的人。这件事惊动了院长，他和我开玩笑说，建大楼的规模啊，干脆顺便帮我们把医院翻盖一下再出院吧。

令人感动的是，那些拉肚子拉得两眼发黑、腿脚发软的弟兄们，知道这是一个紧急工程，需要拼命赶才能完成后，一刻也不愿意在医院多待了。他们全都提着药袋子，提前出院，以最快的时间到达现场，列队集中起来，跟随各自的工长上了工地。望着空空荡荡的宿舍院子，和宿舍里遍地的药盒子，我的眼泪哗哗地流了下来，暗暗发誓，一定要对得起这些"士为知己者死"的弟兄们。

第四章　到中流去

金陵度假村施工过程中，让人记忆犹新的倒不是超负荷的工作强度，而是艰苦的生活环境。真正让人不能适应的是那里恶劣的气候、卫生条件、意外事故、频频袭来的台风和各种各样的蛇虫侵扰。我们的团队三天两头要面对这些，团队没有凝聚力和战斗勇气不行，我这个"带头大哥"不以身作则、迎头而上、做出示范，也不行。在海南，我抗的困难、顶的压力，说实话比在珠海多得多，只是我更耐打、更成熟了。其中还有一个更重要的原因，就是我的团队跟得更紧了。这不仅仅是因为工程多、效益好、收入提升了，更是因为我个人跟他们的感情更深了，互相依赖性更强了。我在他们心目中的形象也不像以前那么单薄了。

在金陵度假村建设期间，有一年过中秋节，因不能离开紧张的工程，也要节省路费，工程队大部分兄弟都没有回老家。我就组织了一个聚会活动，跟兄弟们一起过节。那天，我让大家敞开喝酒，告诉他们第二天上午起不来的，就不必上班，休息半天算工班，工资照发。兄弟们很开心，加上思乡情切，不少人喝醉了，又唱又跳，闹到半夜才摇摇晃晃地散去。第二天，我也睡了一个懒觉，大概十点钟才到工地，想象征性地转悠一下，检查看看有没有什么事。到了工地，只见热火朝天，兄弟们全到了，一个都没有缺席。我感动得热泪盈眶。中午吃饭的时候，我问他们，不是说好了可以休息半天，工资照发吗，怎么都爬起来干活儿了？他们呵呵地笑了，说工期紧，再开心也不能耽误工作，老板心里不轻松，只有我们在工地，您才踏实。

听得出来，他们是为了工程，但更多的是为了我的心情。

我旁边坐着一个平时不大讲话、只闷头干活儿的工友。我跟他聊天，他有点害羞。然后他只拿一件事说了一句话，就得到旁边更多兄弟的附和、赞同。这个工友说，于总您是个好人，对素不相识的人都可以冒着生命危险去帮助，对兄弟们就不用说了，我们跟定您了。

我知道他说的是什么事。

那个时候，在三亚的荒滩上，有时候发现埋了无名尸体，海上也能偶尔见到漂着的尸体。我们在内地没有见过这种惊悚的事，刚去的时候，看到这

沧桑风度

些，吓得不轻。向当地人了解，说是在海里游泳溺水或者打鱼遇风浪发生事故死的人，也有犯罪分子抛尸的，最终慢慢被海潮推上了岸边，有的还搁浅在沙滩上，慢慢又被沙子埋了进去。我们开工的第二天，挖掘机就挖到了一具，吓得赶紧停工报案。结果，警察过来把我们训斥了一顿，说你们工地上那么多人，直接埋起来，有的是设备，挖深了埋就好了。想想也是，三亚本地人也无法处理这些尸体，谁知道这尸体是谁，来自何方，这类事他们也许早就见怪不怪了。

  有天下午三四点钟，我在干活，一身臭汗，干完活儿就跳到大海里冲洗。我往深水里游泳，大概离岸上有500~700米的样子，才能进入相对清澈的深水区，因为距海滩两三百米内，水很浑，夹着沙子的水冲在身上，像毛刷子一样，糙得人皮痒肉痛，会游泳的人是不会在300米以内的岸边停留的。我在深水区仰泳，突然看到有个女人披着毛巾，从岸上一路冲进大海。我当时有两个想法：一是这个女人水性很好，敢这样往深水去；二是经验性的想法，是不是她不会游泳，一下子被海浪的回转惯性推到海里的。有了这两种想法以后，我就不由自主地往她那个方向游，心想万一是第二种情况，靠近一些方便施救。果然，我看到她很快失控，在水里乱翻腾，一看就不是正常的戏水或者游泳者。于是，我就继续往她的方向游。因为我不知道会发现这种意外，所以刚才没省力，一直在游泳，几乎耗尽了力气，这个时候在水里前进已经十分困难。可我看见那姑娘被海水淹没了头顶，随着海浪的涌动，她时隐时现。这种情况基本上人就控制不住自己了，只能随浪拍打，不断呛水，直至窒息死亡。我一急之下，不知哪里来的力气，奋力游去，在靠近她的时候，一把抓住她后背的泳衣。谁知道，她两个手本能地一下子就抓住我的脖子，我强烈感受到了她的求生欲望。当时我感到脖子就像刀割般的疼痛，她抓我时用力过猛，把指甲深深地插进了我的皮肉里面……她呛了水，但意识还算清楚。我对她说，你要听我的指挥，这里水不深，大概3米左右，我拖着你，让你呼吸你就呼吸，让你憋气你就憋气，我们慢慢往岸上游。她很配合。最终我成功把她救上岸。到了沙滩上，看起来我的状态比她还差，我使尽了所有的力气，人就像虚脱了一样，躺在那里好一会儿才能动弹。

后来才知道获救的女子是一位西安来的考察工作组成员，下午从住地特意到海边来，第一次见到大海，兴奋不已，认为自己在西安时下过游泳池，会游泳，想畅游一下大海。她哪里知道大海跟城市的游泳池相比，一个是老虎，一个是小猫，认为养过小猫就可以来亲近老虎，这不就是稀里糊涂地送命吗？这名女子孩子刚满一岁，是个年轻的母亲，家人得知情况后，对我感激涕零……

这件事传开后，兄弟们都向我竖大拇指。当地有个刚认识的好心人警告我，说在海里救人，没有受过专业训练，很难成功。下午海水退潮，一旦被海浪裹挟住，一浪能推进去上百米，两三浪就能推进深水区，一般人的力量硬扛是扛不住的，送命的概率很大。拖着一个毫无水性的人，更是危险。你的好心十有八九会把自己的命搭进去。

其实，他说的常识，我是一清二楚的。早在珠海的那几年，我就熟识了大海的性格。可当时，眼睁睁地看着一条生命在前面挣扎，我绝对不可能见死不救。否则，这一幕会一辈子纠缠我的良心。

这件事也让我的形象在兄弟们心中增加了分量。这就是他们所说的要铁了心跟我干的原因之一。

当然，这样的"人祸"毕竟是意外，不可能经常遇到。在海南创业期间，天灾才是常客，我们不得不时时铆足劲儿、绷紧神经，应对它们。

前面邀请我到家里做客的副局长曾警告过我，台风来袭，在这里是家常便饭。海南岛台风的野蛮和粗暴，可以干出任何想象得到和想象不到的坏事。我记得金陵度假村快要竣工时，来了一次大风，港澳台那边的媒体，包括日本岛的气象预报，都说是十七级。风轰隆隆地到达后，人站起来是不能走路的，必须匍匐在地上向前爬。小汽车要是不幸停在高风口的坡上，大都会被吹翻。当时只剩下一个礼拜就要交工了，剩下的扫尾工作是，在楼道和房间铺地毯，安装各种电气设备。台风来了，一个晚上，窗户玻璃基本上都被打碎了，雨水就进来了。工人们连夜把那些电气和地毯，转移到没有水的房间，

沧桑风度

整整折腾了一宿。凌晨回到工棚，傻眼了，工人们在施工现场住的全是竹棚，用芦柴席子搭在沙滩上的，强台风一来，一扫而光。大家在风雨中望着作孽的风，真是欲哭无泪。我临时决定，暂时把大家安顿到尚未竣工的宾馆房间。好在，宾馆房的主体工程已经完成，大部分已经封顶断漏，可以暂时遮风挡雨。我紧急安排，将老同志、女职工疏散到局部的毛坯房里，我带领部分工人继续抢险，在雨水里战斗了三天三夜，几乎没有合眼，才将所有物品转移完毕。劳动强度太大了，好几个兄弟出现了昏厥。

整个工期，无法统计多少工友被蛇蝎蚊虫叮咬而中毒去医院抢救，多少工友感染病菌，倒在工棚里起不来。千难万难，都没有拦得住我们推进工程的脚步。我们仅用19个月时间，就让近4万平方米，从土建到高级装修全部完工的金陵度假村建成并开业。

开业当天，晴空万里，大海碧蓝。当时规划部门没有限制宾馆到最低潮位线的距离，因此，金陵度假村的客房离大海非常近。前来参加典礼的领导和同仁们走进178间客房，全部能看到壮丽的海景。那位请我吃家宴的副局长，当场感动得落泪，紧紧地握住我的手，说自己在这里生活了这大半辈子，第一次发现三亚如此美丽，真是脚下舒坦，窗明几净，眼睛里才有美啊。

在雄壮的音乐声中，领导、嘉宾为金陵度假村揭开了牌子。为度假村题名的是江苏籍的大画家刘海粟老先生。不知是有意还是无意，刘老把"度"写作"渡"，多写了个三点水，题成"金陵渡假村"，这也成为许多人的日后谈资。有人说"度"和"渡"都可以用，一个着眼时间，一个着眼空间，一个侧重休闲方式，一个侧重休闲环境。面朝大海，多加几点水，强调地理优势。而我的解释是，刘老听了我们建设人的故事，多写几点，是告诉人们，我们为此所付出的汗水，流下的泪水，淌掉的血水，真的不是一点点啊。

近4万平方米的金陵度假村建成，作为三亚第一家真正意义上的度假酒店，一度十分荣光。它的入住率很高，常年保持在95%以上，名震岛内外，当地人和游客，都以能在三亚大东海金陵度假村住上一两晚为荣。它也为江苏建设在海南，插上了第一面三亚·大东海的骄傲彩旗。《海南日报》《三亚日报》等媒体和江苏的《新华日报》《南京日报》等都作了宣传报道，详细介绍了南京二建以什么样的速度、什么样的质量，在什么样的基础条件和施工环境下，保障了海南岛第一个三星级宾馆的建成，文章用了"历史意义""开创性意义""标识性意义"等之词。

金陵度假村项目在三亚、在海南岛一炮而红，我的队伍在海南赢得了"铁军"称号！

二十三

前面说过，在海南，我们不光要跟市场抗争，还要每时每刻与生活抗争。这方面，我只挑一件事说，就是我们是怎么跟蛇虫战斗的。

我们施工队里有五六个女员工，都是年轻的工程预算员和财务人员。她们来海南，吓得根本不敢睡觉。为什么？因为那时的海南荒凉，荒凉也意味着生态原始，各种小动物多如牛毛，而且个头都很大。苍蝇跟蚕豆瓣似的，老鼠跟猫似的，蚂蟥跟尺子似的，伸展开来几十厘米长，"海南十八怪"的段子里形容它是腰带。最恐怖的还不是这些，而是蛇。我们工程队驻地工棚搭在鹿回头的山脚下，山上是蛇的聚集地，蛇多食少，经常下山觅食。工程队住进来后，毕竟有了生活物资，多了生活垃圾，蛇这种敏锐的动物，闻风而动，纷纷下山"找上了"我们。当地有人开玩笑说，你们这是住在蛇窝上了，以后朝夕相处，蛇人一家了！

这里蛇的数量和品种之多，简直是一个巨大的蛇天然展馆。什么竹叶青、眼镜蛇、过山风、钩盲蛇、大盲蛇、红尾筒蛇、闪鳞蛇等，有剧毒的、没毒的都有，据说多达七八十个品种。

这群女员工到达的第一天，傍晚到工棚附近去散步，走了没多远，就被一个由几十条蛇组成的蛇群拦路，吓得狂奔回来，有人鞋子都跑掉了。当天

沧桑风度

晚上睡梦中，女孩子突然感到身上有凉凉的东西，开灯一看，当场吓得哇哇大叫，把其他人全吓醒了。只见床衬上，蚊帐杆子上，到处都有蛇。尤其是蚊帐顶上，盘着的、挂着的有好几条花蛇，吐着信子，冷静地盯着这群大惊小怪的女人。女人们央求男工友"保护"她们。可是，蛇也不管你是男是女啊，男工友更不是金刚，不是老鹰，他们也害怕这滑溜溜、冷冰冰、吐着毒信子的长家伙啊！

后来的几天，她们再也不敢睡觉，不敢出门散步，不敢关灯，一个个都快得神经病了。

这种情况下，我只能另想办法安排她们住进附近的海军招待所。招待所是瓦房，密封性相对强一些，很少有蛇能轻易钻进去。虽然心疼多花的住宿费，但总算解决了女员工的安置问题。其他职工，包括我自己、我的爱人和孩子，就不能搞这个特殊化了，只能硬着头皮，继续住在小竹棚，每天跟随时随地出没的蛇，惊惶地纠缠下去。

我爱人带着两个孩子来海南陪我，过了一段噩梦般的生活。当时大儿子刚上小学一年级，二儿子还没有上学，她在工地上管材料，上班时拖着小的，下班后带着大的，一家人就住在我简陋的临时搭建的竹棚宿舍里。每天天黑下来，就是惊心动魄的开始。海南当地有"养育孩子吊起来"的习惯，把孩子用篮子或布兜子吊起来放在家里，防止孩子受到鼠、虫、蛇等的袭扰。我们的孩子半大不小，也没法用篮子吊起来睡觉，更何况这宿舍都是临时建筑，左右上下，无处不是缝隙，蛇用不着从地面进来，更多的都是从棚檐棚顶钻进来的，人躲在再高的地方，都没有意义。

每天晚上，小孩上床前，我们先四处检查一遍，然后让孩子钻进蚊帐后，就用大木方子把床的四周，像砌墙一样压住。木方压住席子，蚊帐再塞到席子底下。席子上面的木方子的顶头用绳穿起来，绷得紧紧的，就跟豆腐坊里的豆腐箱一样四角方正，边缘挺直。然后把帐子门，一道一道地用夹子夹起来，密密地夹十几道，看不到缝隙了，才敢放心让小孩睡在里面。这样严密的防范，也不能杜绝它们的潜入。天亮了一看，至少会有三五条盘在蚊帐上面，还有的躲在床沿的木方边上，伺机而入。

我和爱人的心都揪得紧紧的，怕吓到孩子，更怕孩子受到毒蛇侵害。只能晚上尽量在床边多守几个时辰，夜里轮流起来打蛇，天亮了早早爬起来逮蛇，生怕咬着孩子、吓着孩子。

我白天工作压力大，几百号人从施工到吃喝拉撒睡，围绕项目进展的各种巨细，外联内管，一刻也离不开我这个一线负责人。我爱人心疼我，怕我熬夜吃不消，总是催促我先睡下，然后她就在两张床边坐着，拿着一根长竹竿，一边巡察，一边用竹竿驱赶闯进来的蛇。工棚的檐口都是空的，蛇就从那里爬进来了。进来的目的当然是找吃的。它们在顶棚上爬来爬去，就掉下来了，有的掉在地上，有的就掉到蚊帐上了。我爱人也是娇惯长大的，但为了我和孩子，她豁出去了，弱女子成了勇敢的"卫士"，每天在屋子里"值班到"深夜。到了早晨，就轮到我上阵了，我必须每天在工友们前面起床，布置各种工作，所以索性再提早一会儿，四五点钟天蒙蒙亮时就起床。起来的第一件事，就是赶蛇。把地上、蚊帐上搞干净，一定要赶在小孩睡醒之前做完，无论如何不能发生小孩睁开眼，蛇就出现在眼前的惊恐场景。

后来，有一位当地的热心朋友，告诉我可以养一条狗，帮助驱蛇。他还送了我一条小狗，这个狗是黄的，我们就叫它"黄黄"。黄黄非常聪明，守土有责，一到晚上，就全神贯注地守在床边。它的眼睛比人尖，一看到棚顶有蛇，就冲着高处吼叫。蛇跌落到地上，它马上冲过去。蛇看到黄黄，立即跑了，或者盘成一圈。黄黄就用脚上去踩踏它们，我们见了，赶紧上去帮忙。有了黄黄，我们省心多了，至少不用神经高度紧张地巡视，可以放心打盹，或者干脆躺下睡觉。黄黄一开口，从鼻咽里发出呜呜的攻击声，我们就知道有蛇进来了，马上起来加入"战斗"。

海南的蛇虫多到那种程度，一方面说明地方发展滞后，一方面也说明生态确实好。放到现在，可以建立生态国家公园了。我们散步的时候，随时有蛇出来。马路上，你如果子夜到凌晨时分路过稍微偏僻一点的路段，遇到的一定都是两三米的大长蛇。它们见到人掉头看看，不慌不忙，你有胆量，就各走其路，互不干涉；没胆量，魂飞魄散，慌不择路地掉头跑吧。

社会发展的好处是人居环境改善了，而动物的好日子就到头了。没几年，随着大量的投资经商者、建设者、打工者、考察观光者涌入这片热土，一座座大楼、一个个度假村、一栋栋民宅拔地而起，荒地迅速被水泥地覆盖，野树杂草如大海退潮一样迅速消失，小动物们无处藏身，四处逃窜。最令人沮丧的是，一些恶俗的生活习性有了市场，餐市上煲蛇汤、煎炸蛇排、蛇胆酒等成了炙手可热的明星菜，蛇皮包包、蛇皮鞋等成了许多人向往的奢侈消费品。每天深夜，都有人拿着手电出去捕捉，几十厘米长的小蛇都不放过，第二天，菜市场叫卖蛇的商贩忙碌地数钱。没几年，蛇就难得再见踪影。现在想找一条看看，恐怕都要到五指山才能搜寻到吧。

虽然我们当年闯海南，被蛇骚扰，惊恐不已，烦恼不堪，但人类快活了，蛇的悲惨命运却让人唏嘘。不能不说，在同一片土地上，几多欢喜几多愁啊。站在昨天看今天，有得有失，真心希望站在今天看明天，和谐世界建设，不应止于为人类自身服务。

二十四

虽然通过金陵度假村建设，我们在海南一炮打响，各种订单接踵而来，很快从"找米下锅"变成"选米下锅"，但我始终绷紧管理的弦子，一点也不敢松懈，对每个工程、每个施工环节，都从严把关，杜绝任何毛糙，绝对不允许二建的工程在外有任何负面影响。

从一开始，南京二建的海南公司跟其他地方的公司注册方式就不一样，其他地方注册成立的都是分公司，海南公司是独立的法人公司。一直到今天，这个公司的法人还写着我于国家的名字，从未更改过。一个漂亮的大工程干下来，海南公司的信誉，终于在岛上树立起来。企业形象光大了，接到的工

第四章 | 到中流去

程档次随之提高，但大型项目对工期和质量的要求更高了。我几乎每周都要召集管理人员和技术骨干开现场会，进行工程速度推进和质量督查，事不过夜，直接排除和当场解决各种问题。公司团队继续发扬在珠海、广州创下的"吃三睡五干十六"的传奇精神，每天用三个小时吃饭，用五个小时睡觉，用十六个小时工作。通过克服一道道技术难题来提高工程质量，通过加大工作强度来加快进度。一幢三十层的大楼，一层二三千平方米的工程量，基本上达到四天一层的效率。在确保质量和安全的前提下，可以大大缩短投资周期，投资方谁不喜欢呢？我们的"铁军"在海南攻城略地，势如破竹。

到 1990 年前后，我们以绝对的优势，占领了海南全岛，特别是三亚和海口的市场，一个是旅游城市，一个是省会城市，两大城市的建筑市场上到处可见我们的队伍。另外，我们在琼海、文昌、万宁、东方、新隆等岛内城市，也遍地开花，数十栋大厦和小区，密集上马。

不仅如此，我的团队在海口还承接了很多海外投资项目，如包括熊谷组工程在内的系列日资项目，以及香港建材集团的工程等。这些工程做完后，受到投资方的高度评价，海外的媒体纷纷报道，使二建海南公司美名远扬。随着外商投资项目的增多，我们在海南岛的市场开拓也打开了多元化的局面。到 1994 年，我奉命调回南京时，已在海南岛上建设完成数百万平方米的标志性建筑，而海南分公司的账面上，也始终保持着数千万元以上的流动资金，每年都有一两千万的利润资金流到总部账上。

我个人和我的团队，生活也得到很大的改善。从 1988 年起，我认为自己已经进入"高收入"行列，月工资 81 块钱，加上各项补贴等，可以达到 240 块钱。那时候，这个薪水已经赶上大学教授和机关的厅局长的水平，我感到非常满足。

如果海南的故事就到这里画上句号，那么，这一段会是一个圆满的、也算相对顺滑的人生阶段。今天，我也会毫不犹豫地把海南奋斗这一章，命名为"到中流去击水"。为什么只用了"到中流去"四个字，因为我有一大段尚未说的曲折，不敢说惊天动地，也可说惊心动魄。这后面紧跟的词，志在

沧桑风度

"击水"，实为"试水"，对我个人，还有一次巨大的"呛水"，甚至可以说差点连生命都失去的"溺水"。

1992年，海口市中心有个华发大厦项目招标，79 000平方米，48层，总标的5.7亿元，建成后将是当时海南的最高建筑，是个大体量的标志性工程。招标书发布后，业界一片骚动，稍有规模的企业都跃跃欲试，参加竞标的企业达到63家。我们跟踪这个项目将近一年时间，有备而来，承建计划可以说是天衣无缝，开出的条件得天独厚。不出意料，我们将在63家企业中脱颖而出，一举夺魁。

拿下这个项目，成了业界爆炸性的新闻，也惊动了南京大后方。为了祝贺竞标成功，南京市许多领导飞抵海南，参加开工典礼，并当面致贺，亲切慰问我们这些远离家乡、远离亲人的建筑职工们。我记得工友们兴高采烈，在新中标的华发大厦工地上，自发地组织起锣鼓队，用激越的锣鼓声来迎接市领导，表达对家乡亲人的敬意和成功的喜悦。

然而，就在送走市领导的第二天，几个陌生人找到了我，说是来谈合作的。我热情地接待他们，把他们请到会议室交谈。几个人先介绍了一番他们的企业实力如何强大，曾经做过哪些大型项目，并且暗示我，他们背后的"老板"来头很大，不要说在海南，在全国任何地方，都没有搞不定的事。

等他们亮明身份，我发现原来是一起参与投标的一家私人企业的代表。我是第一标，他们是第四标。我问他们合作什么，表示只要平等互利，企业合作很正常，我们不违法，不需要到全国去"搞定"什么事。来人就开门见山，提出将华发大厦转包给他们，条件是给企业工程总价的百分之五作为回报，而对我个人，则一次性支付150万元好处费。

给公司五个点的回报，大概是什么概念呢？就是我们不用干，可以净收1 800万元。如果自己干的话，利润率在20个点，大概能有1.2亿到1.5亿元的利润交给公司。如果将工程转包给他们，只能交给公司一千多万元，这就相当于令国家损失了1个多亿。但个人可以得到150万元的好处费，即使是现在，也是个大数字。20世纪90年代前期，万元户还算是有钱人，有

150万元绝对算个大富豪了，对我个人来说，是个一夜暴富的神话。那时，大部分人的月工资还不超过100元，150万元相当于我一千多年的工资啊。如果吃尽千辛万苦，保质保量完成了工程，顺利拿到了1.2亿至1.5亿元的利润，交上去，公司最多只能奖励我个人一两万元。

来人事先也做了功课，帮我把账算得清清楚楚。

20世纪90年代，不能不说对冒险家来说是一个有一定空间的时代。当时，国有企业领导利用手中的权力，抓住一个机会，套一大笔钱然后辞职下海，或者人间蒸发，这样的事并不稀奇。我经常听到这样的传闻，在媒体里也看到过相关的报道。可没想到，自己很快也面临这样的"机会"。

可等来人把话说完，我想都没想，一口拒绝了。

君子爱财取之有道。不讲不能违背国家利益的大道理，就凭个人的道德底线，做人的良心，也不能拿这笔钱。回想自己受党培养这么多年，从1974年进单位，年年是先进工作者，年年是优秀党员，每年都是模范，每年都受到表彰，怎么可能一见利益就立即变色呢！凭个人的道德素质，凭做人的底线，凭对国家财产的重视和爱护，我丝毫不为所动。这种赤裸裸的损公肥私的交易摆在我面前，我一点也没有觉得有什么诱惑力。他们在那里为我算账的时候，我已经气愤得不行了，就想立即轰他们走。

来人可能以为我在试探真假，在装模作样，依然蛊惑着我。我强压着火气，端茶送客。一见我这态度，几个人收起了脸上的笑容，态度强硬地表示：这个工程一定要给他们干，在海南甚至全国，只要他们想干的，都要干，他们想做的，都能做成，他们设定的目标就一定要实现。话说得很大，很满，不可一世。

我想，这个项目是在公开的大屏幕上，把底价唱标出来的，完全合法合规。光天化日之下，这几个人简直就是来抢劫啊。于是我再次强调说："你们看错人了，不是每个人都爱财，也不是每个人都爱这样的财。君子爱财，应该取之有道。我做好我的本职工作，总部会对我认可，项目完成后会给我发奖金。我不能为了个人利益，损害公司上亿的利润。"

沧桑风度

在建筑行业里，工程转包的情况屡有发生，并不奇怪。当年海南地产的泡沫，在很大程度上是因为土地层层转卖，工程层层转包而最终形成的恶果。南京二建是国有大型企业，必须严格履行合同的法律义务。因此，对于对方所提出的要求，我没有留下一点可以商量的空间。

接下来的几天，几个人每天都来"拜访"我。他们提出的条件也加了码，说给个人的好处可以加到200万元甚至300万元，这么多钱，让我一辈子有享不完的福。

见我依然义正词严地拒绝，他们第三天亮出了流氓底牌，下来了最后通牒：

"我们是私人企业，赚几个钱不容易，为了拿下华发工程，这两年用掉了大笔公关费用。这个项目我们会不惜一切代价拿到手，你给也得给，不给也得给。海南是一个既能发财的宝岛，也是容易亡命的天涯。话已经说到位，后果你自己承担！你可以满岛打听一下，跟我们对着干的人，挡我们财路的人，有几个能活着？恐怕死无全尸，连骨架都被鲨鱼消化掉了。"

他们还直言："听说你老婆孩子都跟过来了，可不要敬酒不吃吃罚酒，意气用事，殃及家人，一个个竖着来海南，横着回江苏！"

对这种无赖话，说实话，我当时也没太放在心上。生意场上，胜败常事，听起来他们也是一家有一定规模的企业，不可能全是靠讹诈做大的，不至于为一个项目做出什么伤天害理的事来。再说，大家都是出来打工的，都有背后的大老板，民企也好，国企也罢，本质上都是集体，都不完全是谈判桌上的你我个人。我们素不相识，没什么过节，也彼此不亏欠什么。青天白日，法律在上，还能无法无天地硬打硬上吗？我简单地判断，这帮家伙充其量就是仗着人多地熟，说说大话恐吓我们这些"外地人"呗！

和工友们谈起此事，也都认为这些人不过是过过嘴瘾，吓唬吓唬人，过去在珠海、湛江也不是没有遇到这样的威胁，最后还不都是不了了之。

这类事，我回家也从不跟爱人说，怕家里人为我的安全担心。我的苦和累，家人已经习惯了，如果再给他们传达人身安全隐患，他们岂有宁日？

第四章　到中流去

可是，命运在这里跟我开了一个巨大的玩笑。凭经验判断最不可能发生的事偏偏发生了，而且一旦发生，就付出了惨重的人身代价。

过了一个多月的时间，早已将"霸王合作"事件抛之脑后的我，一心扑在华发大厦的工地上，指挥挖地、运土方、打桩、排三层地窖的地下水，从早到晚，忙得热火朝天。我怎么也没料到，那帮歹徒还在惦记着我，虎视眈眈地盯着这块"蛋糕"，并筹划了一个令人发指的暗杀计划。

那天下午七点二十分前后，暮色降临，华灯初放。我按惯例结束了一天的工作，再在工地巡查一圈后，一个人开着面包车回租住的宿舍区。在入口的巷子停好车，步行进区。在离大门不到20米的地方，突然冲上来4个蒙面的歹徒，一人带着工地上常见的那种七八十公分长的钢钎，两人拿着施工用的锤子，另一人提着一把砍刀。那阵势跟电影上黑社会出动的镜头完全一样。我大吼一声，混蛋，你们想干什么？未等我话音落下，那4个人已经冲上来，一起动手。

显然，这是一群职业杀手，攻击方式非常老道。先是提着锤子的人对着我的膝盖猛砸几下，敲碎了膝盖骨，我立马站不住，倒在了地上。接着，拿大刀的歹徒照着我的脑勺砍过来，我当时还算清醒、敏捷，头迅速偏向一边，只感到一阵凉风嗖一声刮过来，我的头皮就给削去一片。我完全躺倒在地，用双手护住头。这群疯狂的歹徒就对着我，不分方位地乱砍乱捶一通。

我很快失去知觉，倒在血泊中。

二十五

倒在血泊中的我被发现后，紧急送入医院，经过10个小时的全力抢救才苏醒过来。爱人后来告诉我，当时我全身血流如注，到了医院，扒下来的衬衫和裤子，根本拎不动，就像从澡盆里捞起来一样，血哗哗地一下流到地上。

沧桑风度

现场一位医生见了，很不高兴，冲她发火，嫌她不小心弄污了医院的地板。我爱人那时候已经吓傻了，哪还顾得上什么弄脏地板和医生的埋怨。

经检查，我身中20多刀，其中深度创伤12刀。我的右腿双韧带被砍断，右腿膝盖骨被打碎，手术时医生整理出膝盖碎骨48块。后背的一刀，距离心脏仅差0.5毫米，如果伤口和肺部贯通了，就没有抢救的可能了。

保住性命后，医院对我的膝盖和双腿施行外科手术。考虑到手术的复杂性，医院觉得没有把握，于是向北京求助，调来了北京一所著名医院的骨科医生——部队老资格军医、专家陈宜中教授，担任主刀医生。没想到，手术开始，连续两次大剂量麻醉注入身体，竟然不起麻醉作用。陈教授是位经验很丰富的骨科专家，俯身问我平常喝不喝酒？干建筑这一行的，每天面对苦脏累及恶劣的环境，每天都要面对各色人等，不喝酒怎么可能呢？我不只是常饮酒，酒量还比较大。我如实回答，甚至说了一句平时工友们调侃我的顺口溜："一瓶只是漱漱口，两瓶白酒稳步走。"

陈教授被我逗笑了，竖起大拇指朝我说，你这人了不起，我不是夸你酒量大，酒量大现在就要买单了，要多吃苦头了；我是夸你乐观，都这个样子了，还说段子，是想帮帮我们解除紧张吧。

陈教授正告我："你长期泡在酒中，神经迟钝，麻药已经打到最大的量了，还是不能吸收，再打就危险了。但我们也等不得，现在是手术的最佳时间，你如果是条汉子，忍得住疼，我就立即帮你做手术，不管麻醉效果了，可能会非常疼；如果挺不住，我们今天就暂时不做，但会错过最佳时间，后面的手术效果是什么样，确实无法判断。所以，你自己来选择，抗住或者放弃。"

"现在死还有点早，再痛我都能忍。"我脑子里出现了《三国演义》中关公刮骨疗毒的情节，我甚至忍着剧痛，向陈医生笑笑，说："就让我学一学关老爷吧，一世英雄做不了，一次英雄应该可以做得到吧。"

就这样，我在神经清醒中，进入了手术。

为防止疼痛刺激，人体会产生激烈反应，我被五花大绑在手术床上，连头颈这些部位都被固定得牢牢的。手术进行了3个小时10分钟。12刀深创，外加16个浅创刀口，一一缝合起来，百针千针，疼痛锥心。散掉的48块膝盖骨，一块块拼接起来，用钢丝网网住。再用两根大铁钉交叉钉住，固定钢网。右腿的韧带也要缝补连接起来。刀、剪、钻一起上，剪肉磨骨的声音，每一声我自己都听得清清楚楚。手术室紧张忙碌，医生们凝神贯注，手术器材的尖锐碰撞声，骨头打磨的撕裂混响，在手术室紧张的空气中回荡，把我整个人用剧痛分解得七零八落。我昏过去，又醒过来；醒过来，又在巨大的痛苦中昏厥，3个多小时里昏迷5次，打了3次强心针才坚持了过来。

站在一旁的麻醉师很受震动，不断想着如何减轻我的痛苦。手术进行到哪个伤口，他就直接用麻药喷洒在哪个部位，至少那个部位的神经敏感有了钝化，传达出来的疼痛感可以稍微缓和一点。

手术前，陈教授曾叮嘱我："要是疼得受不了，你可以喊，可以尽量地放开喉咙喊，有多高喊多高，喊是可以有效释放疼痛的。"手术时，医生却把一条毛巾塞到我嘴里。我愣是咬紧毛巾，最多哼哼几声，直到医生们为我缝上最后一针，基本上都处在极度的忍受和控制中。手术结束，解开我的捆绑时，在场的医护人员全惊呆了，他们发现我双手的每一片指甲，都深深地掐入手掌的肌肉中，血肉模糊。因为只有一双手能动弹，我全部的能耐力量，都从双手发出，无意识中，抓、捏、掐，使出的劲恐怕有千钧之巨。

我总算活了下来，按照手术前的诊断，因创伤太多、太深，失血过多，我生还的希望并不大。

为了坚持原则，也因为自己对各种险恶的大意，我差点付出生命的代价。我是不幸的，也是幸运的。海南岛在建省初期，社会治安存在一定的问题，这是不可回避的事实。当时，下海淘金者不计其数，这其中既有怀揣梦想的有志者，也有仗势欺人的业界恶霸、混迹江湖的社会渣滓，泥沙俱下，鱼龙混杂。我遭遇行凶的那年，海南共计有59个老总级的企业家被不法分子伤害，其中51人被直接砍死。只有8个人幸运地活了下来，我便是这8个幸运儿之一。

活是活了，可第二天医生给我下了一个"终身残废"的结论，我整个人从身体的巨大痛苦，迅速堕进了身、心俱痛的深渊中。

二十六

出了手术室，在病房里，我因身体的痛苦和对未来的忧心，一夜都没睡着。

第二天一早，陈教授来查房，我迫不及待地问他，这种情况最理想能恢复到什么样？陈教授说，你能活，这就是最理想的结果！你要坚强，我们不忽悠你，80%以上的结果是"终身残废"。即使能活动，也必须拄拐或坐在轮椅上。如果要出门，上厕所是个大问题，要带着特制的马桶。不带马桶，也要用几根棍子做个专门的支架，因为你只能坐，永远不能蹲了。等你右腿的韧带长起来后，两腿长度至少要相差5公分，将来就是这样一个状态的残疾人。

这样的结果，对我来说，真的如同五雷轰顶。从倒在血泊，忍受巨大的痛苦，在半麻醉几乎清醒的状态承受大手术，到现在，我一直紧咬着牙关，只允许自己流血、流汗，不允许自己流泪。当陈教授向我宣布我这样的未来时，我的眼泪夺眶而出。我不假思索，一个劲儿央求陈教授，无论如何要想办法，让我最终能站起来。

"您是骨科主任，我们两个能不能联手创造奇迹？您创造一个骨科上的奇迹，就把我当实验品，我配合您。"我脱口而出。

陈教授惊诧地看着我。看得出来，他有些感动。他沉思了一会儿，对我说："尽管希望渺茫，但奇迹不是没有，奇迹也不纯粹靠人或靠技术，要靠多方面合作，靠内因和外因碰巧找到切合点，共同催化而成。不管怎么实验，

第四章 | 到中流去

怎么巴望，都只是主观单方面的愿望，可以强烈，但不能志在必得，你得有思想准备。另外，我看到了你身上可能产生奇迹的基础，就是你这个人比较刚毅，能吃得了苦。冲这一点，我愿意把我这些年的探索和积累，用在你身上，你得配合我，即便我们失败了，也不要抱怨我，好不好？"

我灰暗的心，一下子打开了一条缝隙，透进了一线希望的光芒。我挣扎着伸出手，抓住陈教授的胳膊，坚定地表态：只要有百分之一的可能让我站起来，我愿意做百分之百的努力！

陈教授很快制订了一个医疗康复方案。方案的核心内容就是强化锻炼，等骨骼基本愈合后，逐步通过外力，反复锻炼去拉长韧带。这种方法虽然听起来很原始，但陈教授坚信值得一试。但一般病人坚持不了，因为即使没有受过伤的韧带，拉伸都是比较痛苦的，我的韧带是被砍断后缝接出来的，用很小的力量去扯一扯，都会产生刀割般的疼痛。韧带不是橡皮筋，要将缩进去的韧带拉出来，谈何容易。等韧芽长出来，不要超过三五天，脚底下放根木棍，用手在腿上反复地搓拉。长一点点韧芽出来，就要反复地搓拉多次。每次膝盖角度打开一点点，快愈合的伤口就被拉开一次，渗出滴滴鲜血，疼得我大汗淋漓。

刚开始时我心急如焚，恨不能几天就恢复，所以，不断给自己加码。有一次拉得严重，血流满了半只鞋子。陈教授知道后，忍不住对我说："我都不知道该表扬你还是批评你，你这样拼命，精神可嘉，但你不能太心急，不讲科学，骨头还没长牢呢，你又把它拉开，效果会适得其反啊。"

在大半年时间里，我一直坚持拉韧带，一天都不肯放过地锻炼。活生生地拉开快愈合的伤口，不知其数，据护士说，腿上多出的伤口，因为我的"蛮干"，差不多出血超过百次之多。

其间，陈教授回到北京，偶尔利用来这里援助手术的机会，来看看我的恢复状况。有一天，陈教授来了，我告诉他，我的膝盖可以弯曲了，应该可以尝试着下床行走。陈教授安慰我，不要急，时间太短，奇迹不是这样创造的，奇迹也需要时间。可我觉得陈教授难得回来一次，我一定要利用这个机会，让他检阅一下他的"实验成果"。本来因为我的故事在病区传开，大家都知道了我这样一个"名人"，对我充满好奇，现在我又要挑战人的极限了，病区的医护人员、部分病友，以及陪护我的工友，都围过来见证"奇迹"。

我第一次下床走路，用了将近一个小时，走了5米的路程。从床边，一点一点挪步，步长大概只能用厘米来计。每挪一点点，我就被巨大的疼痛牵绊住。我大汗淋漓，向前，向前，终于走到了窗口，没有倒在这5米的"长征"中。

病房里响起了热烈的掌声。陈教授特别高兴，走到窗口，轻轻地拍拍我的背，说，了不起了不起，奇迹出现了，这是我从医几十年最漂亮的案例！我们的合作，可以宣布成功了，祝贺你！

我的衣服湿透了，5米的路程，地板上滴出了一条汗路。我激动得一句话也说不出来。我望着久违的蓝天，我看到了楼下的车辆和奔跑的人群。我又有希望正常行走在这人间的活色生香中了。

更大的奇迹在后面。我这个从死亡线上挣扎回来的人，这条腿被砍成多截，韧带靠缝接制造出来的"终身残疾"判定者，从一厘米一厘米挪出一个奇迹开始，坚定地挪出去，挪开来，走起来，跑起来，最终创造出形同健康者，健步迈进在大地上的更大的生命奇迹。

现在的我，走起路来风风火火，能走能蹲，既不需要拐杖，也不是瘸子，如厕这类活动，自如自理，未给任何人增添麻烦。唯一要承受的，就是风雨变天、季节更替时，体内筋骨受伤处的疼痛发作。但这一点"后遗症"，在我眼里，难道还值得一提吗？

二十七

既然能站起来了，能挪开步了，我的心马上活跃起来，就像长出了翅膀一样，立即不安分地飞向我的工地。

第四章 | 到中流去

住院 68 天，医生帮我拆除手术线后，我决定出去巡视工地，并尝试自己开我那大发面包车去。我爱人是个慢性子，平时对我言听计从，她一听，实在受不了了，觉得我这人简直是个疯子，这刚缓过气来，就要出去溜达，还想自己开车，难道你不知道，你的体内还留着那么多钢网钢钉吗？这是在跟自己玩命吗？直接就跟我吵起来，说要拿命跟我拼，不过一百天，绝对不肯放我出去。

我那时毕竟年轻，性子急，也自负，就冲爱人吼起来，说你难道不知道，业界都在传我残废了，永远回不到以前的工作岗位了。我就要回给他们看看，让我的朋友有信心，让幸灾乐祸的对手做不成白日梦！

爱人就是不同意，拦住我，说即使要回去，也不差这几天。我不知从哪里来的劲，一把把她推开，拄着拐杖，一瘸一拐地走了出去。

我喊了两个工友，陪着我，关键的时候扶我一把，然后我开着我的韩国大发面包，一口气，两个小时跑了四个工地。我刻意把最后一站，放在几乎要了我命的项目——华发大厦工地上。到了工地，我欣喜地发现，工程已经基本完成了地下浇铸。工地上沸腾了，看到我过来，正在热火朝天施工的兄弟们，全围上来跟我说话，就像亲人久别重逢一样，兴奋不已。我跟兄弟们说，假如我不流这个血，不挨这个刀，今天我走在这个工地上，腿脚健康，但腰挺不直，因为这个工地基本上就成了别人的工地，成了我损公肥私的交易场所，这个工地上的人也不是你们诸位，而是一群陌生人。今天虽然我是一个身带几十处伤疤的半残疾人，但我腰杆子挺得直，心情愉快，走在兄弟们自己的工地上，感觉就两个字——痛快，身上有痛心里快乐！

说完一番话，我还做了几个大步流星的动作，逗得大家哈哈大笑。我要向砍我的人、向他们背后的企业老板传递信号，我于国家是一条刚直不阿的汉子，你没能把我的项目夺走，没能把我的灵魂整倒，甚至你们致命的几十刀，也没能把我的肉体砍趴下。

当天晚上，我跟几个兄弟代表，在工地食堂开了几瓶啤酒，搞了几个小菜，喝了一顿。然后，我们用筷子敲打着酒瓶，跟着一个喜欢唱歌的兄弟，

沧桑风度

一起唱当时红遍大街小巷的《笑傲江湖》曲子：

> 沧海一声笑，滔滔两岸潮
> 浮沉随浪，只记今朝
> 苍天笑，纷纷世上潮
> 谁负谁胜出，天知晓
> 江山笑，烟雨遥
> 涛浪淘尽红尘俗世几多娇
> ……苍生笑，不再寂寥
> 豪情仍在痴痴笑笑……

我的心情太激动了，一切担忧、恐惧、彷徨的情绪一扫而光。以后，不至于坐在轮椅上度日，不用让组织养着，让家人搀扶着，还可以继续跟朝夕相处的兄弟们一起，为我们的二建添砖加瓦，真是"豪情仍在痴痴笑笑"啊！

三年之内，我又做了几次手术。先是将身体里面的钢钉取出来。过了一段时间再开一次刀，将膝盖里面的钢网取出来。本来医生建议，钢钉钢网可以不取，再说我麻药不受，每一次开刀，都是一场撕心裂肺的痛苦，就不必去反复受这个罪了。但我通过咨询医生和反复查资料，得知体内异物，取出来比留在里面，肯定更科学一些，所以毅然决定还是取出来。三年时间，骨头和肉都长起来了，医生再将膝盖破开，全部翻过来，然后才能将钢网取出，取出后再缝合，又是一次痛苦得如同过鬼门关的过程。

我遭歹徒袭击事件，当时成了全国爆炸性新闻。《工人日报》《新华日报》《建筑时报》《旅游报》《南京日报》《文汇报》《上海日报》《海南日报》《海口晚报》等各类报纸，都对我为维护国家利益勇斗歹徒，被砍成重伤的事迹作了报道。海南省委省政府对这起案件很重视，作出批示，给了我充分的关心。南京市委常委兼政法委书记、公安局局长等领导，专程赴海南慰问我。

领导们问我对这个案子有什么想法和要求，我说出了自己的心里话。我说，据说案子办得没有眉目，可这也不是复杂的案子，歹徒的身份也都清清楚楚的，至今逍遥法外，得不到惩处，让全国成千上万参与海南大开发的人，心里怎么想啊？所以，我唯一的要求，就是希望能够依法执法，将这帮歹徒绳之以法，并通告媒体。我个人心里有委屈，我也不想仿效对方，通过私下渠道以牙还牙，不管受多大的苦难，我不会触犯国家法律报私仇。

可是，一直到1994年我奉命撤离海南，调回南京总部工作，这个案子都没有任何进展和说法。我从未言败，这件事让我感到了个人的渺小无力。

当然，后方组织对我关怀备至。后来的日子，南京市公安局选派了两个南京籍的退役武警，就任海南公司的安保人员，重点负责我的人身安全。时任南京市公安局局长曾公开表示："二建海南公司每年给集团贡献几千万的利润，像于国家这样有魄力、有担当的企业家，走到哪里都能够把企业做起来，我们有责任保护好他。"

经此一劫，我对工程的管理也增加了安全防范和法律意识。那时，劳务已经市场化，最多时工地上有2 300多人，1 000多人是从南京本部来的，其余1 000多人是从当地劳务市场临时招聘的。临时工来自五湖四海，素质参差不齐。他们中的很多人法治观念不强，喜欢浑水摸鱼，以犯罪为代价来获得个人的非法利益。比如，有那么20个瓦工，到工地上，什么活儿也不会做。两三天以后，想赶他们走，他们就要起了无赖，开价要20万报酬才走。这些人和当地的不法人员串联起来，专门用这种方法敲诈外地企业。如果没有有效的办法对付他们，消息传出去，类似的无赖会不断组团上门，这企业还能开办下去吗？报了案，够不上判刑，抓过去教训一通，放回来变本加厉。

我只能采取自卫措施。

我决定高调组织一支"自卫队"，从工人中挑选出50个人，平时该干活时干活，遇到打砸抢等紧急事件发生，拿起"武器"就上——当然，不是专门配备的武器，那样违法的事我们坚决不干，而是就地取材，洋镐、铁锹、工地上的铁棍等随手之物都是武器。我们遭遇的最大一个挂着工程队名义的闹事团伙，有150人之多。我组织了二三百工人协助自卫队，把闹事者堵在

沧桑风度

工棚里，摆开较量的阵势。当然，只是造势吓唬他们，事先交代不能真正出手打架，但样子要凶，要做出气势来。一交锋，这些人果然怂了，跳窗夺门，狼狈而逃。

如果这批人不走，后面的劳动力就进不来，因为他们霸吃霸住，堵住了工作岗位，后面的人进来也没有那么多的工棚可住啊。

海南岛一度就是这样一种环境，改革大潮涌进来，泥沙与珍珠俱下，仓促之间，社会管理跟不上，难以立即剔除糟粕。我虽然成为受害者，跟着时代一起经受了阵痛，但我们的事业也在阵痛中快速分娩，茁壮成长，这也是海南、是时代、是改革开放带给我们的巨额回报。我心悦诚服，埋头苦干，昂首弄潮。唯有理解、担当，并力所能及地维护正义，保护国家利益，庇护自己的团队。然后，尽可能腾出最大的精力，对外树立品牌，对内加强管理，使二建海南的工程，不留瑕疵，绝无质量隐患。

那几年，在海南全岛，提到南京二建，行业内无一不知，无一不夸。不管多大的项目，只要南京二建有意向，认认真真地去投标，中标率非常高。受包括涉我在内的系列案件触动，海南省开始整顿建筑业市场，督查劳动守法，加强施工环境治理，完善招投标体制。在整顿过程中，南京二建海南公司被政府树为正面典型。南京二建海南分公司的正规、正直品质，更加凸显。这也坚定了我诚信经营企业、正派做人的初心。

惊涛骇浪，推我更上一尺。我又干了两年多，1994年被调回南京总部，担任我一直工作所属的总公司203处负责人。

6年海南岁月，酸甜苦辣，味味值得；风吹浪打，死里逃生，凤凰涅槃，事业、人生又有迈进。6年中，我带领海南分公司创下所有项目无一亏本、无一有质量事故、无一不得奖、无一有重大安全事故的骄人成绩。南京二建也因此走进了高光时刻。慕名学习、要求结伴的企业纷纷登门。二建成为响当当的"建筑业实验学校"，为苏中、苏北等地区的许多建筑队伍提供拖挂，让它们以"小船靠大船"的方式，跟在南京二建梯队后做劳务，在实践中掌握技能和管理科学，再逐步独当一面，做成了一个个规模优秀企业。江苏的一些区县的建筑公司，现在都壮大了，在全国乃至国际上，都具有很强的竞争力，不少是南京二建的初哺培养成的。江苏成为建筑业大省，少不了南京二建的一份功劳；而南京二建成功的汗水中，有我一掬，有与我同甘共苦的众多兄弟们一注。

最难忘天涯海角，我的峥嵘岁月，我的飞舟人生。

第五章

大地慷慨

> 一个团队的领头人是否够格,有极其简单的判断标准:你能做到的,下属做不到,这是正常;下属能做到的,你做不到,这是荒唐。你立起来要最高,蹲下去要最低,拥有如此这般的姿态和张力,才能以一服众。
>
> ——于国家

二十八

有了广东市场、海南岛市场的试水成功，南京二建乘势而上，迅速布局，实施"三国四方"战略——先后在全国重要城市开设了二十几个分公司。一时间，在广东、海南、北京、天津、内蒙古、石家庄、青岛、上海、无锡、常州等地遍地开花，香满城池。南京二建在中国建筑市场上出尽风头，成为行业内数一数二的全国领军企业。外放的开拓者们，从南京以外的市场，将利润源源不断地输送回南京总部。

与此同时，借鉴国内市场的开拓经验，二建也开始瞄准海外市场，将队伍派驻向中东和非洲那些经济发展相对落后、城乡基础建设严重缺失的国家，以劳务和总承包为主的形式，在伊拉克、科威特、也门共和国、肯尼亚、莫桑比克、阿尔及利亚、新加坡、柬埔寨、新西兰等国家培植和占领市场。

市场，说到底，要靠人才去拓展，而市场也练就了人才，让南京二建成为市场高地的同时，也相应成为人才高地。人才，使企业进入良性循环，使品牌的含金量越来越高。二建见机行事，迅速开展人才培训业务，为南京、全省乃至全国培训建筑专业人才，输送行业管理精英。如今，在南京整个建工系统，可以毫不夸张地讲，百分之八九十的企业里面，都有二建和后来的大地建设输出的管理骨干，都有我们这个企业走出去的干部。全省的规模建筑企业里，几乎都有二建培训过的工程队伍。二建成了众多建筑企业的人才"母公司"。

1994年，在政府的指导下，南京二建果断推进股份制改革，引进现代企业制度，使利益相关方成为共同的利益主体，调动了一线建筑工人和经营管理层的积极性，强化了职工的主人翁意识。股份制改造变化，对公司发展来说，是有了根本性的推动力。在这次变革当中，国有资产第一次做出了一定

沧桑风度

程度的退出，引入了多元化投资，激励效果明显。思想观念的大解放，内部管理体制的变革，带来了生产力的大解放，公司在产值规模、队伍规模、科技水平、设备装备率、劳动生产率、赢利水平方面产生了质的飞跃，其后的几年企业迎来又一次发展高峰。

为了更有利于树立品牌，传播企业形象，这一年，南京二建利用改制注册机会，果断丢弃了具有国企特色的名称，正式更名为"南京大地建设集团"。取义立足南京这块厚实的土地，走向更广阔的世界；同时深化内涵，在做大做强企业的同时，强化社会义务担当，表达回馈社会的决心；从文化价值上阐释，奉献青春、才智和汗水，在大地上建设我们美好的家园，是企业的愿景和员工的精神追求。

"大地"这个名称让我心潮澎湃。作为行走在祖国大地和自己的企业"大地"上的一员，我的命运，似乎从幼年时代，开蒙前的那一天，父亲用树枝在大地上写下我的名字的那一刻起，就与那生养我的大地、架设我青春彩虹的大地、吸引我一路纵横驰骋的大地、让我的视野矗立长高的大地，紧紧地贴合在一起，再也没有分开过。

从海南调回南京以后，我继续在"大地"上奔波、拓荒，又多次领命率队到外地开拓市场，先后担任或兼任上海、无锡等地的分公司经理。1997年，我被委以重任，担任总公司副总裁，全面主持企业的生产管理工作。

也是时运造就人，这一时期，正逢南京提出并践行建设国际化大都市的宏伟目标，面向全球抛橄榄枝，投资项目蜂拥而至，全城变成"大工地"。我成了这座城市迅猛发展的见证者、参与者。改革开放以后，南京的城市建设面貌日新月异，幢幢高楼鳞次栉比。南京大地建设集团前身南京第二建筑工程公司，作为成立于20世纪50年代初的老牌大型国有企业，曾先后参与长江大桥南北引桥及桥头堡、金陵石化、雨花台烈士陵园、五台山体育馆、新百等大型工程建设；改制后，又承担了金鹰国际大酒店、南京国际展览中心、南山医院、奥体中心、南京大屠杀遇难同胞纪念馆扩建、南京地铁施工等多项城市标志性工程建设，我有幸和这个了不起的企业一起成长，和一批又一

第五章 | 大地慷慨

批管理者、技术标兵、普通职员并肩奋战，创造奇迹，与南京这座历史文化名城一起长高再长高，扩展再扩展。我和我的伙伴们可以自豪地说，我们那一代企业人，真正做到了与城市建设同呼吸，与城市发展共命运。

那是多么繁忙、艰辛而又充实、美好的一段时光啊。每个星期，我最多只有一天待在单位大楼里参加会议或处理文件，其他时间包括星期天、节假日，基本上都在各大工地现场陈兵布阵，参与施工环节的各种问题处理。我总是火急火燎，好像浑身有使不完的劲儿。集团时任董事长经常跟我开玩笑说，于总啊，你还是那个离不开工地的工头"小于"啊！

大地建设苦练内功，厚积薄发，创造了新街口建筑群、德基国际广场一期、中央商场、新街口百货商业集团大楼、友谊华联大厦、招商大厦一期、天安商城、华荣大厦、天时国际经贸中心大楼、中心大酒店等一批工程，熊猫电子集团彩电生产楼、雨花台烈士陵园建筑群、南京国际展览中心等一个又一个建筑精品。作为大地建设的品牌符号，它们像一颗颗璀璨的珍珠闪耀在祖国大地上，诠释了大地建设的品牌价值，打造了大地建设的品牌影响力。从1994到2004年的10年间，大地建设获得江苏省建筑业科技进步和技术创新先进单位、全国建筑业新技术应用先进集体等称号11个，承担"建筑业企业公司制改革及其项目管理保障体系研究"等省部级科研项目17个。在市场竞争中，大地建设更加执着于先进施工工艺的探索，提高施工现场垂直水平运输能力，采用网架整体顶升技术，推广液压爬升模板工艺，研制设备管理系统信息库，提升了建筑技术水准，促进了管理过程现代化。自1994年由公司承建的南京中心大酒店工程首获鲁班奖那时起，公司"十年树人、百年树楼"的优良传统再获发扬光大，先后捧回淮阴卷烟厂、侵华日军南京大屠杀遇难同胞纪念馆、南京玄武湖隧道工程、王府大厦等19个金光闪闪的鲁班奖和国家优质工程奖的金杯。

——沧桑风度

二十九

我参与建设施工的大楼很多，总有一些工程给我的事业留下浓墨重彩的印记。人生自带辩证法，付出越多的，除了印象最深刻，带来的人生收获往往也越丰富。这一时期，南京国际展览中心、南京南山野战医院和侵华日军南京大屠杀遇难同胞纪念馆新馆等重大工程的建设，最值得记录。

1998年，大地集团承建时为南京市三大重点工程之一的南京国际展览中心。该项目位于景色宜人、风光秀丽的城市内湖玄武湖畔，特别引人注目。项目占地12.6万公顷，建筑面积12万平方米，总投资16.28亿元。

该项目是按照当代国际展、博览场馆标准设计建设的城市标志性工程，科技含量高、技术难度大。工程为地下一层，地上五层，其中，地上设计有两个夹层，作为商务、办公用的配套用房。地上展览大厅分上下两层，每层可以灵活分隔六个展厅，独立对外开放，形成国际标准的格局和多达2 200个展位。其中的二层展厅是一个长245米、最宽处达到115米的无柱大空间，楼面、楼盖都需要解决大空间、长跨度的构架问题。建成后必须具有承办单项国际展览会、全国性贸易交流会等大型博览会的能力。南京自改革开放以来，每年组织大规模的全球招商活动，其中一年一度的世界华商大会，是经济和文化发展的政府工作重头戏，而每年举办活动时，都是政府最烦恼的时候，因为南京这个大城市缺少一个国际化的大型展览场馆。国展中心的建设，正是为江苏省、南京市举办"世界华商大会"等大型活动而准备的主会场。

市政府特别重视这个项目，专门成立了工程建设指挥部，由分管城建的副市长亲自担任总指挥，任命我为副总指挥，负责具体的工作，也承担具体的责任。市政府明确这是一项"政治工程"，必须抢在新世纪第一个华商大会

第五章 | 大地慷慨

召开之前保质保量完成任务,在大会上盛大启用。作为工程的副总指挥和承建单位的分管副总裁,我感到了很大的压力。从市政府领命后的第二天,我就索性驻守在工地现场,在那里办公,跟工程队一起吃住。

在管理上,我在中标后立即着手分解出具体的质量目标,以指挥部的职权,把它们逐级分配到项目部、施工班组、工程参战单位以及协作单位。建立健全公司、分公司、项目部三级质量管理网络,配备专职质检员和班组兼职质检员。针对工程技术难度大的实情,决定举大地之力,增加科技投入,严格质量流程管理,强化全程控制;建立了强化质量"否决权"制度;强化"挂牌作业"制度,规定每道工序都要经过专职质检员组织验收后才能进入下道工序的施工,层层签字画押,一道关卡都不能缺漏。材料进场由监理见证取样按规定批量进行材料复核检验,并做好相应合格标识后,方可投入使用。我特别强调要做好书面技术的交底,重点对工艺流程、施工技术、操作规程、质量安全保证措施等交底,工程质量的"否决制"明确为一票即否,不留任何商量余地。

人算不如天算,工程上马不久,就出师不利。1999年6月起南京连续遭遇4场50年未遇的特大暴雨,24分钟雨量达到188毫米,使得玄武湖的水位高涨,龙蟠路积水齐腰深,唐家山沟飞流直下,刚开挖不久的工地,成了紫金山下山洪水冲入玄武湖的"捷径",地下室基坑全部被淹,临时办公设施大部分受到冲击,未来得及撤离的办公桌椅、纸张漂浮一片,现场一片狼藉。大家围在工地四周,全都呆住了。

看到几个月的心血瞬间付之东流,不少职工情绪出现了较大波动。一些工程负责人手足无措,还要不要继续推进——推进,不知从何下手;不推进,工程铁定延期,政府规定的期限,当然泡汤,这可怎么办!

在这紧要关头,我没有站在岸上做宏大的动员报告,心一横,喊了一句,兄弟们,躺着愁不如站着拼,然后就操起家伙,直接跳入齐腰深的水中。

兄弟们一惊,反应过来后,纷纷拿起工具,跟着我跳下水。

大伙冒雨架起水泵。光基坑的水3次就排出近万立方米,最多的一次仅用两天三夜就排出 27 万立方米。

在排水的几天内，我一刻也没有离开工地，大多数时间泡在雨水中，索性连雨衣也不穿，随时随地，旱里来涝里去，昼夜奋战。雨水的湿气浸入我体内的伤疤，几个小时便开始隐隐作痛，到晚上收工后，浑身剧痛。我哪里管得了这些，一到时间，就又跳进水中开干，剧痛在高强度劳动中，又变成了隐隐作痛。病魔啊，你不理它，它也就消停了不少。有了那么多次非麻醉状态下的手术经历，对于肉体的痛苦，我真的可以泰然处之了。

如果说这个工程的前期挑战，是需要斗天斗地，那么后期的挑战就更上了一层楼，那就是需要斗智斗勇。

展览中心设计理念前卫，轮廓新颖流畅，形态气势张扬，内部结构特殊，单项工程竟然涉及建设部推广应用十项新技术、新材料的全部内容，可见科技含量之高。为了能够随着进展即时破解难题，我们联手东南大学、省建科院开展合作攻关。仅在中心工地现场，我就临阵组织了十二个课题攻关小组，如"大型钢结构施工技术研究""低收缩高性能混凝土在超大面积楼盖中的研究""大面积超长预应力结构的综合研究""泵送轻骨料混凝土施工技术研究"，其中最关键的课题由自己亲自担任组长。

比如，国展钢结构施工是国内首次采用的弧形屋面拱架的制作安装方法，后来成为工程一大亮点。屋盖系统分弧形屋面和平屋面两个部分，大跨度弧形钢拱架屋盖当时是工程的一大难点，拱架两端分别架设在高度差 21.325 米的 F、K 轴支座上，支座由直径 600 米、壁厚 22 米的四根钢管柱组合而成，24 根 4 管组合钢柱柱芯灌注 C60 混凝土。整个屋盖由 10 榀主拱架支撑，跨度 75 米，展开长度 92 米，曲率半径为 125 米，单体重达 138 吨，均为全国第一。为了确保"世纪第一吊"的圆满成功，我和我的团队一起，内研外调，精心编制施工方案，先后经过专家小组的二十几次论证，大胆决定采用跨内吊与跨外吊相结合的单榀吊装法。拱架加工前进行了 1∶1 节点的模型试验，吊装时进行了应力测试，拱架安装采用超大型 500 吨汽车吊。最终钢拱架完成，并经受住了 5 月份、7 月份两次 11 级台风的考验。

第五章 | 大地慷慨

在进驻国展工地的日子里,我放弃了休息天,几乎没有好好过任何节假日。每天清晨就开始奔波,每天跑遍 11 万平方米现场的所有施工角落。深夜,还得和技术人员一道开会,研究部署第二天的工作。在最后"百日会战"阶段,我跟家里说,现在到了冲刺阶段,我无法回家了,即使回家也是吃不下饭、睡不着觉,不如吃住全在现场,与工人们奋战在一起。我爱人拿我也没办法,她似乎习以为常了,遇到这种事,不再像以前那样情绪激烈,又是争吵又是心疼掉眼泪,而是点点头,对我苦笑一下,然后赶紧帮我收拾好换洗衣服,备好几个月用量的药品,让我"上前线"了。

在我的感召下,公司参战职工喊着"一家人、一条心、一个目标、一股劲"的口号,仅用十几个月就完成了 45 万立方米的土方量;8 000 多吨的钢结构,光焊缝就绵延八九十千米;花岗岩贴面 10 万平方米,墙面 1.8 万平方米,安装水电、通风等设备 7 300 多台套……大地建设者充分展现了不畏困难、勇于拼搏、同心协力的品格。在奋战期间,我们为这支队伍归纳了一个精神,叫"国展精神"。国展精神的内涵是"团结奋战、众志成城、坚忍不拔、敢打硬仗、忘我工作、无私奉献、科学管理、争创一流"。我让人把这些话,抄写在工地广告墙面上,让大伙每天看到这种宣誓,每天付诸行动,咬紧牙关、战胜疲劳、顽强拼搏、誓夺胜利。

施工进入决战阶段后,市委书记和分管市长经常在下班后赶到工地,然后在简陋的办公现场跟我们一起,通宵达旦地研究部署工作,商量解决技术难题,时有发生。我记得有好多次,当我们完成工程某个节点时,市领导总要安排职工们吃一次大餐,特意让政府办公厅为职工们送来新鲜猪肉改善伙食。兄弟们受到极大的鼓舞,再累再苦,领导的温暖一到达,那一刻都化为自豪和愉悦。

从开工到竣工,仅用了 18 个月的时间,南京国展中心工程任务圆满完成。2000 年 8 月 30 日,国展这艘艨艟巨舰,准点起锚。9 月 18 日,世界华商大会在南京举行,3 000 多名中外政商要客高端云集,国展迎来了它第一次全方位高标准的体检。为确保世界华商大会开幕式的顺利进行,保证前来

沧桑风度

出席会议的朱镕基总理在演讲时万无一失，我亲自带领 48 名高级技术人员，制订好紧急预案，由每个人分工负责一个片区，连续 48 小时顶着 40 摄氏度的高温值守在近万平方米的地下室，保证会议期间每个节点不出现意外渗漏、停电等任何事故。

开馆后连续成功举办了第六届世界华商大会、全国书展、江苏国际服装节、江苏省金秋贸易洽谈会等诸多大型展会，无一例外，零事故、高质量满足了活动要求。尽管如今的南京，满足大型展会的场所已经很多了，但南京国展中心依然是主城区最重要的展会场地。这座建筑也高调融入了玄武湖—紫金山风光带区，成为出色的人文景观。其晶莹剔透的视觉、平滑流畅的线条、气势磅礴的身躯、前卫的钢玻一体化骨肉，美轮美奂地嵌入在湖山之间、云水之中。为古老的南京老城，注入了一股现代化的生机。

在竣工验收后的各种项目评比中，南京国展中心工程获得国家颁发的"国家优质工程奖"、全国第十届优秀工程设计项目银质奖、建设部优秀勘察设计二等奖、江苏省第十届优秀工程设计一等奖、省政府科技进步奖、二项省级优秀 QC 成果奖等多项国家、省、部以及南京市的奖项。关键是，在保质保量的同时，还节省了国家预算投资 2 000 多万元。我和技术团队，围绕这座建筑的技术攻关，撰写的研究和工程管理的 100 多篇文章，有 26 篇论文获奖，其中有 13 篇获国家及省级论文一、二、三等奖。2000 年，这个项目也给我带来了荣誉，我被南京市政府评为"城市建设立功竞赛先进个人"，荣获南京城建人金奖。

我认为，通过这项具有里程碑意义的工程实践，在应对突发事件，破解技术难题，调动职工有效执行能力等方面，不仅积累了十分宝贵的经验，更为企业现代管理制度，以及企业健康正确的价值观形成打下了坚实的基础。因为干建筑的都深深懂得，稳重厚实的基础，对企业今后的发展具有多么重要的价值。一直以来，该工程都以其工艺复杂、体量宏大、施工难度高、工期紧而蜚声行业内外，成为社会各界关注的焦点。

更为重要的是，大地企业精神在这次历练中再次得到升华。正如市领导在总结表彰大会上的报告所陈述的，国展中心工程的诸多"一流"中，精神上的"一流"尤为突出。

三十

2003年春天，一场突如其来的"非典"疫情在全中国迅速蔓延开来，内地先后有数千人感染了传染性极强的SARS病毒，死亡数百人。恐惧一时笼罩在国人心间，大家都不敢出门，喝药、戴口罩、消毒成了日常必备，马路上昔日的繁忙景象不再，往日喧闹的公共场所中人影寥寥无几。2003年4月，为抗击"非典"，南京市决定紧急修建一座野战医院。野战医院选址在南京市江宁区铜井的南山，设计总建筑面积约34 000平方米，有近20万土方的工作量。为了让感染SARS的病人和疑似病例得到及时有效的治疗和隔离，南山野战医院的工期仅为超常规的短短15天。显然，该工程体量大、工期紧、社会影响广、受关注程度高。市委市政府为保万无一失，直接指定南京大地建设集团为主楼建设的主体责任单位，相关企业参与附属用房建设，也不能掉队，必须共同组织精兵强将，组建工程突击队，齐头并进，步调一致，半个月工期内同步竣工。其中，大地集团啃的硬骨头——主攻体量最大、工艺最复杂的部分。指挥部要求我们"以严肃的政治责任、高度的民生使命，迅速组织精尖力量上马，限时限期、保质保量完成任务"。尽管南京大地建设集团是一家实力雄厚的建设企业，但面对如此特殊的突击性工程，依然是一次空前的挑战和考验，因为在公司50年的历史中，从未遇到过几万平方米砖混结构的庞大建筑必须在半个月内完成的情况，而且还包括了道路、照明、机电安装、排污、排水等全部配套设施的建设施工。但南京市委、市政府下了死命令，无条件上马，只能成功，不许失败！

南京国际展览中心外形（国家优质工程奖）

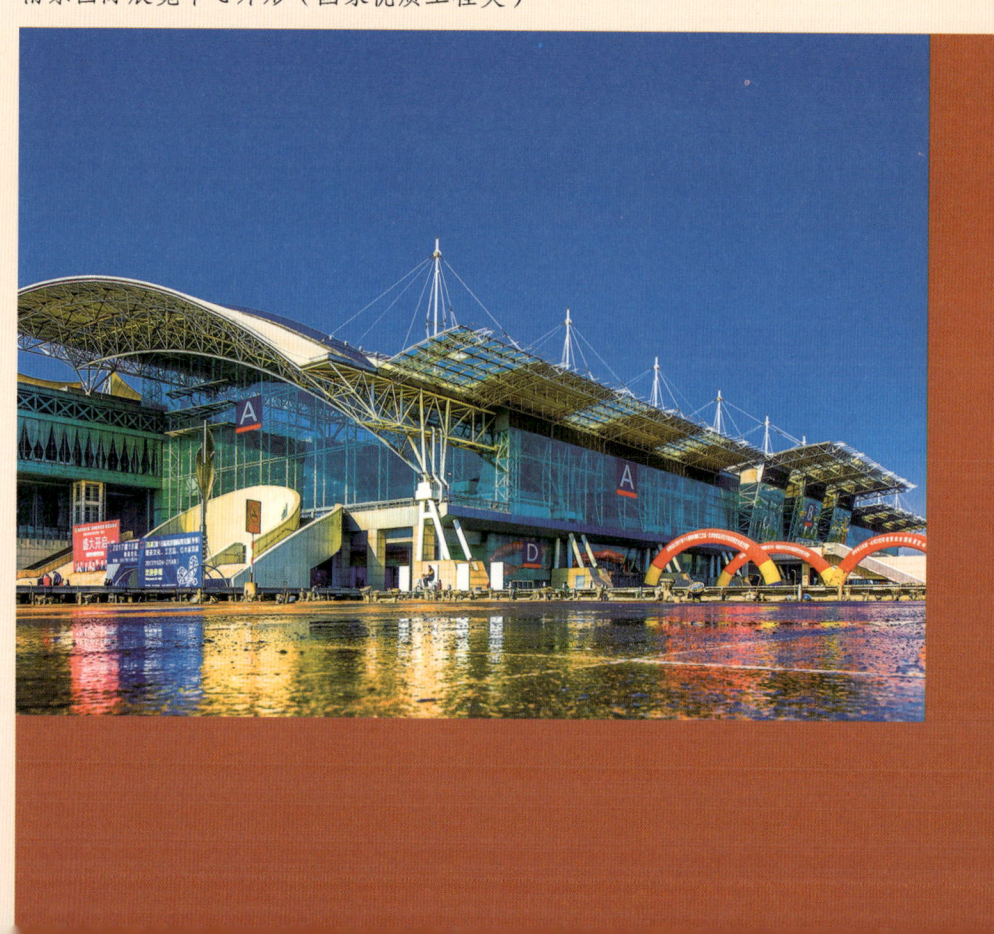

南京国际展览中心（国家重点工程）现场指挥工作

沧桑风度

大地建设集团作为南京建筑业的龙头企业，在千钧一发的关键时刻被理所当然地推上了主战场。市委领导下达任务时，盯着我的眼睛看。当时，我已经担任大地集团的董事长。我立即会意，马上代表集团全体员工表态，义不容辞，坚决完成任务。回到单位，我立即组织人马奔赴现场，开始排兵布阵，一蹲就是半个月，在一线指挥，家都没回过一趟。我爱人中间跑了几趟，把我的换洗衣服送过来，嘀咕了一句，真是拿你没办法，现在好歹也是个大集团的董事长了，怎么还是工头作风，就不怕身上臭了，下属笑话你吗？我回答说，身上臭了是小笑话，工程耽误就是大笑话，是笑不出来的大笑话了！再大的建筑企业，董事长也必须是一个"工头"啊。

"一家人，一条心，一个目标，一股劲"，发扬大地人"吃三睡五干十六"的拼搏精神，在珠海石油大厦和南京国展中心悬挂过的标语口号，再次被我们挂到了南山。兄弟们马上明白，这样的口号标语平时只提不轻易张贴，一旦挂出来，就意味着这是一场难度超大、时间超紧、只能胜利的特殊战斗，也是众目睽睽之下的一场实力比拼大会战。

战斗打响，当天选址确定，当天我们就从大地的八家分公司，组织成立了八家专业施工队伍，计3 000多名工人，紧急进场。大地所属路桥公司立即从全市各工地紧急抽调工程设备，仅用了3个小时就结集了40台挖掘机、50台推土机、20台水泵、80辆重吨位渣土车等200多台机械设备，轰隆隆地进场。当天即完成27万立方米的土方工程，不可能的事情实现了，这绝对史无前例！劳动强度太大了！为防止工人们体力透支，出现身体意外，我将公司职工医院的医生调至现场，搭建帐篷，现场开设临时医院，全程陪伴广大铁军。

现场施工条件非常艰苦，大宗建设材料无法借助机器运抵，只能人肩挑扛抢进度，进行人海战术。白天，我要在工程的各个场点不停奔走。情急之下，自己还要亲自动手，手上磨出的泡还没有结痂又被磨掉了一层皮。晚上，要和技术人员商讨第二天的施工方案，经常要干到凌晨三四点钟，实在困得不行，只能和衣在车上靠一下。最伤脑筋的是，工地现场根本来不及建设临

第五章 | 大地慷慨

建设施，施工人员的基本生活没有保障，只能用各种近乎奇葩的方法来"对付"。我个人一直坚持吃住在现场，为解决排泄极不方便、经常需要熬着的尴尬问题，我一连几天服用黄连素来控制排便。几天下来，人明显黑瘦了许多，严重缺乏休息，精神几乎恍惚，走路失衡，在高低不平的工地崴了腿，很长时间都没有消肿，硬是坚持15个日日夜夜没下过火线，每天24小时滚动作业，一鼓作气，完成了占地120亩（1亩≈666.67平方米）、建筑面积3.8万平方米的砖石结构施工作业，半个月拿下一年的工程量，一位业界的专家吃惊地告诉我，你们绝对创造了史无前例的建筑奇迹。

打仗看将，将雄则兵健，将颓则兵废。我知道，只要我能拼到最大程度，手下看在眼里，掂量在心里，不可能不玩命拼。果然，现场人员迸发出巨大的爆发力，空前团结，协作一致，口号震天，以超常规"海陆空"交叉作业，按期保质完成了这项意义非凡的政治任务。大地建设再次充分展现了不怕困难、敢于拼搏、能打胜仗的"精神"，被媒体报道称赞：更难更快，大地在"国展精神"上又添"南山精神"。南京市政府委托南山医院建设指挥部授予大地集团"建设南山先进单位"，并颁发了"最佳质量奖"和"最佳工期奖"。大地团队用智慧和汗水，为企业赢得了荣誉，也为南京的城市建设再添一笔浓墨重彩。

在我参与的南京建设中，最具有荣誉与使命感的当属2006年承担的侵华日军南京大屠杀遇难同胞纪念馆的扩建工程。它也值得我永远珍藏在记忆深处。

即将到来的2007年12月13日是南京大屠杀70周年纪念日，南京市政府决定要对原建于20世纪80年代的侵华日军南京大屠杀遇难同胞纪念馆进行扩建。工程于2006年7月30日开工，工期9个月，建筑总面积为15 753平方米。这是一项具有历史意义和深远影响的政府工程，受到国内外的广泛关注。江苏省和南京市对该工程非常重视，省市主要领导曾多次亲临工地视察工作。

新增的项目包括东侧纪念馆新馆及集会广场建设，中部原有纪念馆维修

沧桑风度

及"万人坑"遗址展现，西侧和平广场和研究办公楼等几大部分，在建筑内涵上分别对应战争、杀戮、和平三个概念，空间布局寓意"铸剑为犁"，平面布局映现"和平之舟"。这项在文化和政治上堪称了不起的工程，工期短、设计理念新颖、技术质量要求高，同时又面临地处闹市、现场狭窄、施工条件苛刻等诸多不利因素的挑战，但接受如此神圣的任务，我们有什么理由畏难？必须保质保量按期完成，必须做出一个经得起全世界聚焦的建筑艺术样本。

领命当天我们就召开了誓师大会，明确宣誓：以高度的政治责任感和使命感，排除万难，不折不扣地达成各项既定目标，承载了如此重大历史的工程，志在必得建筑最高质量奖——鲁班奖。

台下掌声如雷。但散会后，有的同事表示了担忧，说：董事长啊，其他我们都敢保证，就是这志在必得鲁班奖，实在不敢拍胸脯啊。我理解，他们为什么不敢保证，在偌大的中国建筑界，谁不知道获得鲁班奖的难度？可以说，鲁班奖对建筑质量、建筑艺术、建筑功能的苛求，细致入微。即使建筑的设计特别合理，建筑的形象非常美、非常新颖，建筑的功能科学、强大，建设的过程安全，效率也很高，这一切都很完美，细节上符合鲁班奖的一切要求，那还有一个更大的关卡在等着，就是名额限制。每届江苏大概能争取到5至6个得奖指标，这已经是令全国同行羡慕嫉妒不已的了，因为有不少省份数十年都拿不到一个鲁班奖。在江苏内部，鲁班奖的竞争依然激烈，作为一个建设大省，符合申报条件的工程项目，不夸张地说，可以以万计数，万里选六，这是什么概率？无异于大海捞针啊。谁敢拍这个胸脯呢？

我说，不敢拍也得拍，一个堪称伟大的工程，做不出伟大的质量，我们这些人还有什么颜面在建筑界出头露面？"大地建设"也不配这么雄壮的名字，只能改叫"角落建设"。

同事一听，笑了，但看得出，还笑中带着勉为其难。

作为董事长，我要面对的是偌大集团所有正在实施的工程项目，一般同期工程都有几十个，我不可能完全脱开其他工作，像以前那样住到其中某一个工地上去，没日没夜钉在一个项目上。但考虑到侵华日军南京大屠杀遇难同胞纪念馆工程的重要性，在施工期间，尽管日常事务繁重，我还是尽可能把其他项目管理的具体工作放手交给下属大胆挑担子，以便自己能挤出充分时间，专心致志泡在纪念馆的施工现场，了解每一天的工程新动态，协调好与业主、甲方、政府等有关方面的关系，并亲自组织科技攻关，现场解决科技难题。事后我翻阅自己的工作笔记，发现一年半的建设期内，我到现场的次数过百，每个星期至少要在纪念馆工地上蹲点 2 到 3 天的时间，连春节假期都没有缺席。我这样做，分管工程的集团领导和部门负责人，施工现场的经理和工人，就没有人敢大意松懈。我会随时随地出现，下属谁又好意思、谁又敢不随时随地在场呢？

在平时的言谈和各种会议活动中，我经常跟大家这样说：我们的名字叫"大地"，大地是用来站立的，用来起飞的，而不是用来躺卧的；我们为别人"做楼"，但我们自己不"坐楼"，我们永远是大地上的行动者。

领头人的观念和姿态，直接决定着整个团队的精神力量。

我特别愿意挑战侵华日军南京大屠杀遇难同胞纪念馆这样的高难度却又富有特殊意义的项目。实施这类项目的过程，其实就是提升队伍本领、升华企业文化的过程。在场的每一个人，都会得到一次锻炼，受到一次教育，学到很多知识。

我惊喜地发现，侵华日军南京大屠杀遇难同胞纪念馆建设期间，几乎所有的参建者，高到总裁、经理、技术总监，低到泥瓦小工，都或多或少熟悉了二战历史，特别是南京大屠杀史，不少人连细节都烂熟于心，记忆力好的工人都快成半个专家了。什么样的收获，也没有这个来得好。利用这个机会，我及时请二战史专家为职工们上课。休息日，为他们放映抗日题材电影，布置团委、工会等部门，召开座谈会和朗诵会，抓住机会，让企业职工认识历史，珍惜当下，面向未来。

侵华日军南京大屠杀遇难同胞纪念馆

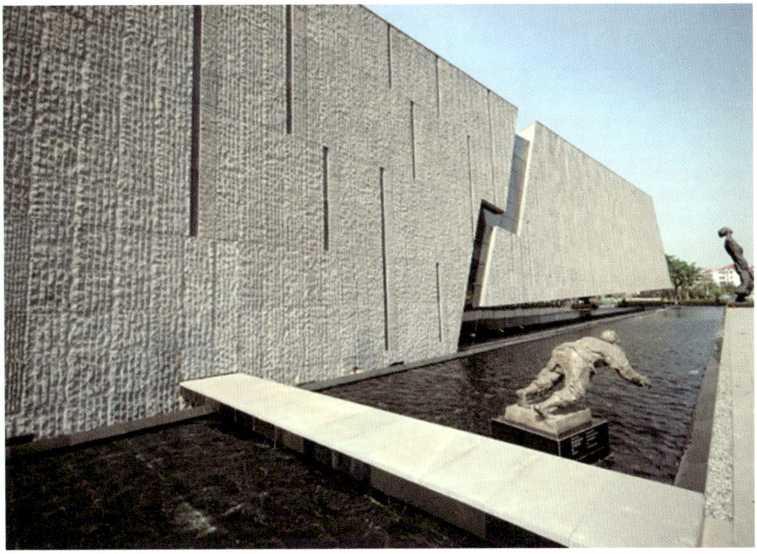

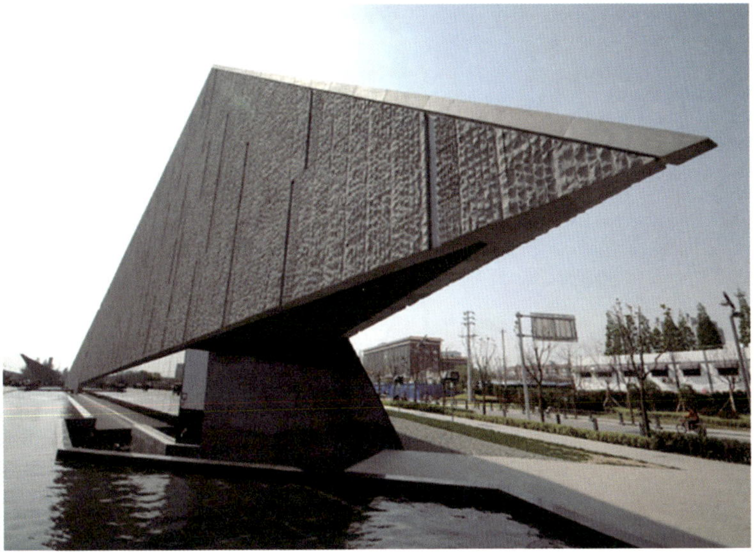

沧桑风度

　　历史主题的系列文化活动，也切切实实提高了团队的素质，优化了他们的精神品质，增强了团队协同战斗力。施工现场进一步掀起"比诚信赛质量、比纪律赛安全、比效益赛节控、比速度赛工期、比管理赛文明"的劳动竞赛高潮，不折不扣地做到了：确保工程工期、确保工程质量、确保施工安全，一年半，如期高标准地完成了南京大屠杀遇难同胞纪念馆的扩建工程施工任务。

　　2007年12月13日，悼念南京大屠杀30万同胞遇难70周年暨侵华日军南京大屠杀遇难同胞纪念馆扩建工程竣工仪式，在宏伟、新颖、庄重、肃穆的悼念广场隆重举行。中央、省、市、社会各界代表、中外友好团体以及新闻媒体近万人参加了悼念暨竣工仪式。2009年11月，第三届中国建设工程质量论坛暨2009年度中国建设工程鲁班奖（国家优质工程）颁奖大会在北京隆重举行，由大地建设集团承建的侵华日军南京大屠杀遇难同胞纪念馆新馆扩建工程榜上有名，如愿斩获大奖。

　　从20世纪90年代后期结束外派生涯开始，到新世纪新十年，是我带领大地建设集团投入南京本土建设的高潮期，也是我个人事业的厚积薄发期，人到中年的人生黄金期。在这十多年里，我们在喧嚣的城市里风雨兼程、贴地前行，一刻也没有懈怠。我们凭借多年的经验积累，本着对建设事业的不二初心，肩负强烈的社会责任，把智慧和汗水抛洒在我们美丽的城市家园。今天，从大地建设集团总部大楼我29楼的办公室向外望去，高楼林立的南京完全够得上国际化大都市的繁华与气派。前面，城市商业中心新街口一带的楼宇方阵里，映入眼帘的标志性建筑，不少都是我们大地建设所建——中央商场、金鹰国际、国际金融中心大厦……向楼后方、楼右侧望去，秀丽玄武湖畔的国展中心，被高大的新建筑群包围的侵华日军南京大屠杀遇难同胞纪念馆，等等，多有大地建设的作品。数一数，视线里我主持的这些重大工程建设，其中竟有19个工程先后获得"国优"和"鲁班奖"，我怎么能不为这段峥嵘岁月写下的荣光，所激动、而自豪呢！

　　大地与城市一起发展壮大，成为建筑业的一线方阵企业，产值过百亿，员工近万人。我个人也与大地建设一起沐浴在阳光雨露中，茁壮成长。大地建设这个大舞台，给了我施展才能的空间。国家给了大地建设很多支持，也给了我这个企业"工头"很多荣誉。我先后荣获了南京市劳动模范、江苏省劳动模范的称号，连续多年被评为南京市优秀企业家、江苏省建筑业优秀经理。经考核，被评为国家高级职业经理人。连续当选区人大代表、市政协委员、省政协委员。人生能有几回搏，我以行动诠释着这句话，并将自己的命运与企业的命运、与南京城市建设的步伐、与社会的进步紧紧拴在一起，多年如一日，从未松弛和放弃。建筑事业已经成为我毕生的追求，南京也早已是融入青春热血、走进韶华人生，成为情感血脉的第二故乡。

除了"添砖加瓦"建设南京，我个人也用"建言献策"更进一步地参与到城市发展大业中来。从1994年当选市政协委员，到2018年因年龄原因退出省政协委员，包括其间还当选区、市人大代表，整整25年，我深度参与参政议政工作，提交了不少有建设性的提案，梳理一下，竟有十几个重大提案被采纳。

比如南京市的雨污分流工程提案：我在南京多处施工建设过程中，越来越体会到这个城市雨污分流的必要性。于是，提交了雨污分流意见，并做了比较详细的方案，得到市领导的高度重视，最终提案被采纳。雨污分流使得南京从前屡见不鲜的遇到暴雨就污水横流、淹没街道的情况，再也没有发生过，南京的城中河道也因此日渐清澈，恶臭状态彻底消除。

再比如玄武湖隧道工程提案：南京的玄武湖是主城中心湖，严重地制约了交通，湖两侧的北京东路和龙蟠路，成为"老塞"，几乎天天堵车。怎么解决玄武湖造成的南京城东西联结瓶颈？当时有两个意见，一个意见是架一座天桥，直接跨越湖区，通向模范马路。我代表另一个意见。我提交的方案是，从玄武湖地下做文章，挖隧道，连接湖的东、西、南三个端点。我的理由是，天桥在主城区和玄武湖风景区，会造成空间上的视觉"堵塞"和声音污染，城市付出的代价很大。如果用隧道从湖下走，这两个副作用就都消失了。我们应该解决城市发展中的交通问题，但解决一个问题，不能再衍生出更多问题，城市形象、生态环境跟交通一样重要，不能顾此失彼。我的意见得到大多数专家的认同，最后被决策层采纳。

参加南京市鼓楼区第17届人民代表大会代表选举投票

2006年荣获"江苏省劳动模范"荣誉称号

2008年,大地建设集团董事长于国家从600多名推荐者中脱颖而出,被市委、市政府评为第一届"感动金陵的城建人"并获金奖

沧桑风度

1998年南京在迈向国际化大都市的铿锵口号中，大面积拓宽老城区的交通要道，这些工程遇到一个最麻烦的问题，就是南京老街道很多是"民国遗产"，遗产里有一个宝贵的东西，就是街道两侧的老梧桐树，这些生长了大几十年的树，粗壮、美丽，成为南京风景的一大特色，在这个城市生活过的人，离开后最留恋的就是梧桐，一直生活在这个城市的人，对梧桐的感情，就更不用说了。保留树，街道拓展就受到严重限制，而砍树，人们从感情上不能接受。再说，砍树容易栽树难，这些可都是"文物级"的参天大树啊。比如拓路涉及的中山东路和中山路干道，两侧全是大树，怎么办？当时争议很大，是个容易激化矛盾、激发舆情的话题，很多人支支吾吾，不敢表态。这个时候，我觉得我们这些人大代表、政协委员应该有担当，为市委市政府提供务实、科学而又符合人民群众利益的决策参考意见。我的意见是不能砍，城市的道路不够宽，不能在半个多世纪的规划里打圈圈，要解放思想，突破老城概念，寻求城市更广的外拓空间，对具有生态意义、人文意义的东西，尽量绕开，做保护性改造，绝对不能"消灭"。这个提案也得到了采纳。还有一些提案，比如拆除和限制中山陵、紫金山天文台等附近的别墅，中央门汽车站搬迁，火车站广场开放式景观化改造，等等，一系列建议都进入了省区市几级政府的决策。

后来我自己也总结过，为什么二十几年中我的提案采纳率那么高，倒不是因为我有多高明、有多智慧，而是因为我的思想、观念和立场正确，前期调研功课做得扎实。这话怎么理解？简单说，就是城市的发展经常需要牺牲一些利益，"破"和"立"是一对"敌人"，为了"立"，就必须承受"破"的疼痛；如果不肯"破"，"立"就无法进行。怎么选择，各人的立场不同，视角就不同，研判的结论就不同。我基本上都是站在生态、环保、节能和维护群众利益、放眼长远的立场上，而不是站在"高效率出政绩"的立场上，站在科学地解决问题的立场，而不是快速解决问题的立场。当然，当时我并没有考虑到"立场"之类的高大上问题，只是出于自己的教养和良心，实事求是，直言不讳。幸运的是，我的观念跟很多领导和专家心有戚戚，所以，多次达成了"一拍即合"。

建设南京，放大了企业和个人的外延，更优化了我们的内涵。"大地精神"在国展精神、南山精神、纪念馆精神中，不断萃取、凝练、提升和稳固。这个时期，我们用时间和实践证明了，一切奇迹都是由刚毅、勇敢和壮志凌云的团队创造的。而团队中的每一个人，都必须有一颗赤子之心，有一股昂扬志气，有一贯刻苦、踏实的精神。团队的领导者，必须有冲劲有行动，用超越的思想去开拓，用坚实的肩膀来担当；最关键的是，一定要用身体力行来带队，思想要飞得起来，而且要有能力飞得高；身子要沉得下去，而且要有风度低到尘埃里。总之，如果说我是领导者，那我同时也是不折不扣的"工头"，拿得起大楼，掂得住砖瓦，搅得动水泥，喝得了凉水，在大地上匍匐得下自己的身躯，在精神里永远挺得直脊梁。

人在中年，切身体会到：大地慷慨、志士情深。

第六章

风度恰是风与度

风度风度,"风度"就是"风"加"度"。人要经得起风吹浪打,才能练得出一身大度。大海宁静比闲庭,小池无风是死水。唯大度者,才能乘风破浪、笑傲江湖。

——于国家

第六章 | 风度恰是风与度

三十一

我是 2000 年 8 月被南京市委任命为南京大地建设集团董事长,全面负责企业的经营管理工作的。大地建设当时正处在企业发展的瓶颈期,一方面,经过改革开放后近 20 年的发展,对外占据了一定的市场,一度业务量激增,导致企业规模膨胀,体量增大,职工人数达到历史高峰。而企业的运行方式、内部的管理方式,特别是管理人员的论资排辈、组织任命制,使得总部官场习气浓烈,效率偏低,内耗严重。企业呈现出老牛拉大车,爬过坡顶,急剧下滑的危险趋势。另一方面,随着建筑行业市场竞争加剧,国内大量建筑企业顺势进行改制,诞生了一大批优秀的混合体和私企。这些企业很快尝到了机制灵活的甜头,在管理理念上与国际接轨,迅速引进现代运作模式,采取诸如缩小底盘、做强总部,加大技术攻关,擦亮企业品牌,租用施工队伍等措施,节能增效,轻装快跑。而大地建设尽管有过辉煌的历史,但自 20 世纪 90 年代以来,由于机制不灵活,体制僵硬,有饭吃的时候,拼命撑大,不顾人员成本,招兵买马;而这些人一旦进了国有单位,只进不出,业务萎缩的时候,大量闲置,企业却必须照样承担庞大的人力成本。内部人员之间也出现忙闲不均、同工不同酬等诸多不平等现象,内讧加大,人心失衡,队伍涣散,劳动效率大大降低。还有,企业的业务产品单一,没有人敢拍板,进行多元化经营拓展。大地建设逐渐走向下坡路,经济效益出现下滑,发展呈现疲态,被同行强势碾轧,前途岌岌可危。

2003 年南京市委市政府根据十六大有关经济改革的战略部署,在全市打响了国企改制的攻坚战。6 月南京市政府召开全市动员大会,强势推进 327 家国有企业进行改制,南京大地建设集团被纳入改制重点范围,首当其冲,投入这场滚滚洪流。2003 年 6 月至 2004 年 6 月 29 日,南京建工局作为

沧桑风度

授权主体，根据南京市委、市政府国有企业改制的统一部署，严格按照南京市政府宁政办发〔2003〕72号和宁劳社就〔2003〕20号等有关企业改制文件的规范要求，历时一年完成了对南京大地建设集团公司的改制工作。

大地集团在政府和媒体描绘的美好前景中启动改制，包括我本人、大地建设的领导层和广大干部职工，并未想到改制的复杂性，预料不到衍生出的千头万绪的问题。要是能预测到过程如此艰难和凶险，我们真的可能临阵逃离，我宁可放弃事业也不会这么贸然趟这个浑水。国企改制牵涉的层面太多太多……牵涉政治、牵涉经济，经济当中又牵涉国家利益、个人利益和广大职工的利益，牵涉历史问题、牵涉现代企业发展问题，特别是人事问题、人心问题，包括一大堆错综复杂的历史积淀问题，全部因改制而引起、引发、激活、放大。群体性骚乱、有组织的打砸抢等，这些在和平年代难得一见的突发事件，说来就来，三天一小起，五天一大起，简直让人神经崩溃。当时南京集中改制时，类似某钢铁企业600人卧轨的事件比比皆是，身在其中的各改制单位负责人，胆战心惊，如履薄冰。

南京大地建设集团从1953年成立到2003年改制，正好是整整50岁的老国企。1950年以前，9个私营营造厂，加上过江留在地方工作的工程兵，整合成大地建设的前身。1953年以前属于公私合营性质，1953年转变为全民所有制。到2003年，整整50年积累的人事矛盾、内部分配不均衡、外部市场经济带来的落差等矛盾重重。原有体制的惯性，捂住了这些矛盾，改革动人动资产，等于把这些矛盾全释放出来了。我作为董事长和企业的资深职工，对这种危险不可能没有预感，隐约担忧会引发"炸窝"，所以曾几次找市政府部门负责人，建议能否缓行甚至不改。得到的答复是，从中央到地方改制是国策，尤其是建筑业这样的劳动密集型非稀缺资源企业，不但要改，而且要改在前头。

一天，市里一位领导把我叫过去，说是要跟我谈心，其实是狠狠批评了我的畏难情绪。这位领导情绪激动地说，过去那么艰难的时期，你是一个国企基层干部的时候，刀架在脖子上，全身被砍得七零八落，你于国家为了国

第六章 | 风度恰是风与度

家利益，都没说一个难字，没有表现出一个怕字。现在怪了，你作为被政府表彰多次的优秀企业家代表，作为一名一向服从在先的老党员，作为30年工龄的老资格职工，身居企业董事长兼总经理一肩挑双职，怎么打起了退堂鼓呢？怎么能遇到困难就退缩呢？这是你于国家的做派吗？今天我把话放在这里，不管你愿不愿意，市委市政府命令你，都要义不容辞地挑起担子，带领企业改制，全企业都盯着你，全市参改企业都盯着你们"大地"，你害软腿病，不但会耽误自己单位的改革，还可能传染给其他企业，我不是吓唬你，你一个改革开放初级阶段的有功之臣，立马会成为改革开放新阶段的罪人……领导说到激动处，把相关红头文件，拿出来哗啦哗啦在我面前抖，然后又拍到桌子上。我被训得进退不是，心里充满了委屈，眼泪都在框框里打转了。

为了把改制动员到位，市委书记、市长在南京人民大会堂召开几千人的动员大会，所有企业都参加。市长最终定调子的讲话为，"改制是国策，不是以哪一个省、哪一个市、哪一个企业、哪一个人的意志为转移的，非改不可。但是，我们也知道是很艰难的，目前的会议只是动员而已。在座的都是企业家，都是部门领导，有商业的、有工业的、有建筑业的、有贸易行业的，等等。最后给你们六个字：不改制就改人。现在你们还是国有企业，乌纱帽还是政府组织给的，如果董事长不愿意改制，那可以下台，会后马上任命愿意改制和想改制的人参与改制。"市长如此强硬的表态，再也没有哪家企业负责人，敢推诿，只好全部扛起担子，一心一意回去部署改制。

对于怎么改制，政府出台了相应的政策文件，根据发文编号，我们称之为21号、23号，开完会带回来，作职工动员，组织资产评估。为防止腐败，当时有市纪委、计委、改制办、国资委、检察院、建委、总工会等11个部门参加进行资产评估、资产审核工作中，市建设局牵头组织落实。评估虽不是难事，但关系到国有资产是否会流失，关系到是否公平公正。转制采取挂牌形式，企业在资产评估挂牌阶段，花落谁家，大家都不可能心中有数。我带领班子积极配合改制，我们只相当于一个留守的临时团队。在公司68个核算单位近千名三级管理人员清产盘点和配合建工局委托的中介机构审计、资产评估的基础上，历经 9 个多月，经市国资办审查，最终完成公司的资产评估工作，确认公司净资产为负 8 300 万元。

改制的目的是企业更好地发展，政府的本意是好的，但改制让企业的家底大白于天下。企业的难点在哪里，优势在哪里，都一一晾在那里。我们南京大地建设，品牌是好的，无形资产是大的，"三国四方"的市场优势明显，质量上，获得过一些国优省优奖，省优国优品牌俱备。但最大的问题亮出来，还是比较吓人的，这就是企业里有 8 000 多 "主人翁"。对他们来说，半个世纪的国有身份"心理优越感"，一下子因转换成"个体""个人"这种传统价值观里的"弱势"身份，面子上很难挂得住，观念上一时难以接受。8 000 多人的结构也趋于老龄化。老一点的，是 20 世纪 40 年代中期的，"师傅"级的职工多是 30 年代的，40 年代上半期的职工占了将近一半。政府明确要求，改制以后，不管谁接手企业，企业不能破产倒闭，8 000 多人不能没有岗位，每个人都要有工作。评估机构算了一笔账，开门七件事，柴、米、油、盐、酱、醋、茶、工资、办公、差旅、老干部等，当时 8 000 人开门一年的费用就需要 1.36 亿。没有一定的能量，怎么背得动这么大的包袱？企业评估正资产为 1.4 亿，前面 50 年买断，平均到每个人高达 31 800 元。谁来摘牌，谁来买，意味着要买负资产 8 300 万，还要承受确保 8 000 多人在岗和生存的巨大压力。

2004 年在南京市产权交易中心限期公开挂牌竞摘，标准是硬的，谁出的价钱好，谁做的方案经过论证，谁下保证书全盘接收 8 000 多职工，可以让企业更好地发展，谁才有得标资格。公告发布后，先后有 29 家单位报名参加南京大地建设国有产权转让的竞购。他们最大的兴趣，就是大地建设的品牌，但经过一年半的运转，竞标企业逐步摸清了大地建设的底牌，摘牌最迟为 2004 年 6 月 28 日，交割之前 10 天，29 家参与产权转让竞购的企业已经全部知难而退。特别尴尬的是，只剩下我们大地建设自己的团队摆在那里。南京市委、市政府出面做动员：人家不要了，你们不能不要啊，这本来就是你们的公司啊，你们要摘牌啊！我们只能苦笑：政府永远是对的，别人可以甩手，可以不摘牌了，我们自己参与的本意是给竞标单位树立信心，同时守住出价底线，没想到最后别人全跑了，自己想甩也甩不掉了。

面对这个又老又大的摊子，8 000 多职工、8 300 万元负资产的负担，我有些害怕了。过去，作为市属国有企业，做好了，虽说应该，但也享有政府授予的荣誉，有一份巨大的体面；做不好，只要自己没有以公谋私，也不是什么大羞耻，后果也有限，毕竟有政府这个大后台来做保障兜底。一旦变成民营，搞好了，别人会说你们这些人借着国有资产垫底，发了个人横财；搞不好，别人又会说你没本事，离开了政府，自己就活不下去了，真是遛遛就遛出了骡子马脚。

毕竟我在企业界还是有些名气的，我的犹豫被很多人敏锐地捕捉到了。不少南京以外的大型建筑企业纷纷来找我，有的抛来巨大诱人的绣球，欲以 200 万元年薪的代价将我挖走。21 世纪前 10 年，200 万是一个巨大的数额。那个时候，这个价钱可以在南京最繁华的地段买一栋城中别墅。还有不少朋友劝我干脆另起炉灶，自己注册公司，以我在国内建筑界的影响和能力，何愁无事可做呢？一年挣个千把万，未必不现实。经过一段时间的内心纠结，权衡再三，我还是接下了改制这个担子。站在大地建设之外，别人体会不到我和大地建设的那份深厚感情。我的想法很朴素，一是政府主导改制，要我们接手企业，我不能因为有困难有风险，就撂挑子，不讲党员原则干部品格这些大道理，从为人处世的一贯作风来说，我的秉性决定了我不是这种人；另一方面，回想我从苏北进城，从一名合同工，一名最基层的混凝土工干起，逐步在大地建设这个平台上施展开来，成长为领导企业的掌门人，大地建设锻造了我的人生，让我艰辛也让我辉煌。一个人既要对得起自己的得到，也要对得起自己真诚的付出。我个人为企业出了力流了汗，付出了青春热血，还差点把生命都奉献在他乡，说与大地建设血肉相连，一点也不过分。大地建设的一草一木都关情，如果我放弃它，万一企业还是没有人来接盘，队伍散掉，大地建设集团将不复存在；即便有人铤而走险接盘，将企业交到一个

沧桑风度

对大地建设集团缺乏真情实感的人手上,何去何从,无法预知,我怎么能放得下心里的牵挂呢?

那些日子,我辗转反侧,几十年在大地集团的奋斗历程,历历在目。很多细节像过电影一样,一一浮现。最终,我决定,放弃个人那点患得患失的小心情,以大义为重,接下改制的历史重任,带领8 000多兄弟姐妹"突出重围"。以我为首的公司经营团队,凭借对大地建设数十年的感情以及南京市政府各级领导的鼓励和希望,更考虑到大地建设的存亡、8 000多职工的生存和社会稳定,义无反顾地选择了受让而不是推出。我们于6月28日正式向南京市产权交易中心报名,宣布参与公司国有产权转让的竞购。

我在公司内部做了动员,动员会上为自己下了一个"与大地共存亡、同发展、永生死"的军令状。我的决心再次感染了同仁,大家群情激昂,纷纷表示,愿意跟从。短短两天内,集团高级工程师加中层以上干部121人自愿集资,就筹够了5 000万元注册资金,在挂牌的最后一天摘了牌。2004年6月28日,原南京大地建设经营团队以无可争议的优势最终赢得了竞购。在南京市各相关部门的支持和指导下,公司根据宁产交合同2004第0071—1号《产权交易合同》的约定,在南京市产权交易中心完成国有产权转让交割手续。大地集团改制结束后,全程监督改制的工作组给出的评价是:这是一次改制成本最低,改制过程最干净、最成功的国有企业改制。

这是大地集团历史性的一天,企业从此从政府的怀里断奶,蹒跚上路,走向了自食其力、自谋发展的漫漫旅程;这也是我个人人生道路上的又一重大转折点,我正式放弃了童年、少年时期朝思暮想的国有职工身份,放弃了中青年时期风雨兼程、奋发奉献获得的领导干部级别,一夜之间,成为一名"民营企业经营者"。消息传到我的老家,一些亲戚表示费解,觉得我不做"贵人"做"累人",年轻时吃了那么多苦,难道是为了中年之后吃第二遍苦?

我的一位发小,甚至专门坐车到南京劝我不要走这条路。他说,中国几千年,官本位社会没有什么本质的变化,今天你走到一个处长面前,人家要恭恭敬敬喊你一声董事长,对你的话洗耳恭听,因为你是市管领导干部。你回到老家，盐城市的领导都会出面接待你，因为你的级别跟他们对等，可是，一改制，明天你变成民营企业家，企业做得再大，都就是工商联下面的一个成员单位而已，市里的一个科长遇到你，都会昂首挺胸，等着你先给他一个恭敬，主管企业的部门，一个办事员都不会拿正眼瞧你。这种身份巨变，你的自尊心受得了吗？只要有领导身份，就不缺生活质量，如果这身份丢了，钱再多，都免不了遭窝心罪啊。

我是从那片土地上走出来的，我也生活在这样的文化土壤里，我何尝不知道他说的这番道理呢！

然而，事已至此，我沉浸在安逸里，维系着虚荣还是接受挑战，勇敢地走进新的人生呢？我选择了，我似乎也不得不这样选择了。我只能选择无愧于我的选择了。

到底是沧海变桑田，还是桑田又淹没，巨变回沧海？人生无常，世事难料，潮起潮落，风云变幻天知道。

三十二

暴风雨果然来了，而且一来，就是如此猛烈。

竞购成功，交割以后，我和企业的经营团队每位成员促膝谈心，互相打气，并形成共识：在资产处理上，我们既要顾及国家利益，又要兼顾职工利益。不顾国家利益，隐匿资产就是犯罪；不兼顾职工利益，就会带来不稳定。50年当中积累的同岗分配不均问题、福利不均衡、兑现不到位问题，等等，千丝万缕，缠上了我们。过去国有时期，是按资历、按身份分配，而不是按业绩、按贡献激励。就拿住房一件事来说，过去分房是无房户优先，困难户第二，同样是1974年进单位的，你是南京的老住户，有房子住，就不参与分房，我是盐城来的，无房子住，就参与了分房。既然盐城来的分的房子，现

沧桑风度

在市场价值 100 万,那么要给南京本土未参与分房的人补贴 100 万元,他心里才会平衡。南京籍职工心里平衡了,那还有别的地方来的职工呢,还有当年分房比盐城来的小几十平方米的呢,补贴不补贴?还有,国有状态跟市场经济条件下,企业职工分房的条件,很不一样。比如,你本来有房产与本来无房产,你工龄长与工龄短,你本来住大房与本来住小房,先进与非先进,劳模与非劳模,等等,都是分房的条件。有些条件放到市场环境里,就不成为条件了,这就产生了现状不平等。复杂的头绪真是太多了。仅住房福利这一项,就牵涉几千人。一系列问题,都集中凸显出来。

没等到新团队拿出最终实施方案,很多职工的耐心就用完了。一个 300 多人的抗议群体,似乎在一夜之间就出现了。其中有七八十人走极端,把我困在会议室三天三夜,外面陆续还有一些不明真相的员工增援他们。我没法出门,不能洗澡换衣服,吃饭也是饱一顿饿一顿。有的职工虽然也为个人利益,在别人的怂恿下参加了闹事,但跟我个人还是有感情的,就轮番出去帮我买饭进来。可有时候,豆浆、油条送过来,就有其他职工走过来了,一语双关地说:"董事长,我们也坐在这里饿着呢,都没吃的啊,你不能一个人吃独食啊,要分点儿给我们这些可怜人啊。"一个人端起豆浆一饮而尽,两个人油条你分一半我分一半,很快就吃光了。

这些人自行设计了一个利益补偿方案,从几十万到几百万大开口的都有,想通过拘禁我,迫使我兑现他们的无理要求。我身心俱疲,失望极了。过去,这些都是很友好的职工兄弟啊,改制前,也没有一个人跳出来,向公司领导、向政府要什么补贴,怎么企业一变成民营,就出来这么多的权益诉求呢?就跟我反目成仇人了呢。政府有 21 号、23 号、25 号等文件规定在,对职工的补偿数额都是有依据的,我个人也不能动用股东们的资金,去买这种不平等的安全吧。再说,那些随意开出的天价,所有出资人砸锅卖铁也满足不了啊。

我把政府相关文件出示给他们,他们拒绝看,有人上来一把抢过去撕了。我找律师来跟他们谈,他们把律师堵在门外,不让进,并扬言谁插手就组织人住到他家去,躺倒吃饭。

第六章　风度恰是风与度

闹事的职工把公司大门用钢管全部搭起来,拉了横幅,大部分工地的施工队伍里都有参与闹事的骨干,在他们的怂恿下,工程纷纷停工。一部分对改制一开始就不理解、不接受的中老年职工,组织一批又一批的上访队伍,夜里偷偷地去北京,到全国人大、国家信访局和建设部等处上访。一时间,整个大地集团,一片混乱。股东们无所适从,管理团队陷入迷茫,支持改制的职工,积极性受到打击,唉声叹气。

想不通时,我曾自问:"我为什么要参与改制呢?我为了谁啊?我有学历、有技术、有手艺,我是高级工程师,我到哪里一年不能赚上几十万、上百万。我为什么要挑这个担子呢,我为什么要低下身子,去给你做思想工作呢?为什么苦心竭力地关怀每一个职工,谁家媳妇生了孩子,我在第一时间带着钱给你送喜;谁家屋子漏了,我马上安排人帮他修复;谁家亲人意外去世,我亲自上门慰问、吊唁;谁家的孩子考上北大清华,我就像自己多了一个有出息的子女一样高兴,为他摆敬师宴……当初是战友、是同事、是朋友、是部下,那些笑脸相迎,那些感激泪花,怎么如此脆弱,就这么灰飞烟灭了呢!"

然而,我又问自己,如果我都想不通,谁还能想通,大家都想不通,谁来担当?让我们的"大地"听之任之,来一场地震就崩塌吗?

我们被困在楼里,我建议索性开起了会,请大家漫谈如何走出目前的困境,能不能做出进一步的让步和利益牺牲。公司管理人员和股东们都很气愤,认为部分职工这样闹腾,无非是乘人之难,敲诈企业,绝对不能满足他们。一闹就给出不合理的补贴,这个头开了,后面无法收场。有人更是尖锐地指出,这些人之所以闹事,无非是认为大地建设已经不再是"国家"的,没有了政府做后台,不欺负你欺负谁!一群势利的人而已。还有的人建议,向市政府紧急求援,撤回改制,我们不能背这么大一个包袱,还要被不断加码,哪堪负重啊,政府不能见难不救啊。

三天三夜没能出楼,限制了我的人身自由,但也让我更冷静地思考了很多。有一点是肯定的,我觉得不能无条件、无底限地满足闹事者的过分要求。

但我觉得也不能对职工的危机感、生活上的实际困难以及历史造成的分配不公问题视而不见。是不是应该不与这些职工一般见识，站得高一点，心胸再开阔一些，气量再大度一些，既不要返回去麻烦政府，也不要拿着文件，仗着有依据就一刀切，僵持在这里？

我把我当时的心思跟大家分享，会场陷入了沉默。过了一会儿，我痛下决心，把我的方案说出来：除了按文件规定，对已经核定的每人 31 800 元的补偿款照常发放给相关职工外，再筹集部分资金，对真正困难的职工家庭，进行额外的救济性补偿。很多人听了，立即表示反对，说做企业不是做慈善，现在用的每一分钱，都是要靠股东和守法、勤劳的员工，用血汗去挣得的，这难道不是造成了新的不公平吗？

决心已定，我说，你们信任我，让我当这个董事长，我今天就做一次主，请大家支持我，我相信我们与人为善，所付出的一定会有所回报。

大家都不再争论，举手表决同意。可是，钱从哪里来呢？我说，为了参与改制，大家的家底都掏光了，只能贷款。我建议，先求助银行，贷款到 2 000 万，做访贫问苦的专项支出。

当场就有兄弟，委屈得流下眼泪。

接下来，再通过细致的工作，解除围困后，以我为首的整个经营班子，分头深入基层，深入职工的每一家每一户，进行摸底调研，排查出真正的特困户。

走访摸底工作，对我的心理冲击和教育也很大。有的职工家里确实超常困难。有的南京籍的工人，虽然住的是自己家里的房子，但这些房子就像老上海棚户区的鸽子笼一样，拥挤凌乱。当年有个电视连续剧叫《七十二家房客》，拍摄的影像很形象，一家三口、四口，就住在十几、二十几平方米大的房子里，几代同堂。我们一家家的都访遍，有时去了，人家不一定认为我们会真诚帮助他们，拒绝接待，经常会被推出来、骂出来、打出来，甚至用水浇出来。回来碰头会上，有人受不了这个窝囊气，认为这些问题，即使企业是国有的时候也不能全部解决，要解决也只能分步骤解决，那也是今年解决多少，明年解决多少啊，干吗要大张旗鼓去帮他们，他们非但不感恩，还羞辱我们啊。

我只能硬着头皮往前走，告诫兄弟们，想得通要做，想不通也要做，大地之上，良心昭昭，一路向前，才有光明。

最后，以我为首的经营团队还是本着实事求是的态度，以诚意化解矛盾和问题，承诺企业发展以后再怎样帮职工解决，并制订了分步实施计划。我们花了大半年的时间才把骚乱平息下来。虽然表面上平息下来了，但实际上20个人、30个人、50个人联合起来的不间断的闹腾，一直持续了三年，到2006年才基本结束，也可以说，直到今天还没有完全结束。有些老同志观念始终改变不过来。好多退休的老干部、老职工，已经退休进入社会多年了，但家里有困难了，拐杖一拄就到公司来了。找到我，我不得不接待，一陪就是一两个小时，甚至大半天时间。有的老职工一坐就是三四个小时还不肯走，动辄我的半个工作日，所有事务都搁在一边。有一次，市政府分管城建的副市长来访，我都因接待老职工来访，耽搁在接待室，延误了将近一个小时，才出得来接待市长。那位老职工还理直气壮地教育我说："老于啊，我是先来的，我在这里跟你谈，还没谈完呢，你可不能这么势利，不一视同仁，市长怎么了，他也是为人民服务的，人民高于一切。"我当然点头，说是是是，老先生指教得对。

"大地"的改制能挺过来，劫后重生，这里面有很多故事值得说，很多做法值得总结。将近20年过去了，我认为"大地"改制的成功经验，依然新鲜，有研究的价值。

当初，除了经济上的安排和补偿外，大地建设的做法还有一个重要的环节令职工无话可说。有的国有企业被外面的企业买走，最终购买者把资产收收弄弄，职工就全部下岗，推向社会了。这在法律上也是合法的，因为他们国有的身份已经补偿性置换过了，成为"社会人"了，有才干就聘用，不能干就下岗，企业没有法律义务保证原来职工的所谓"铁饭碗"。我们大地建设的做法不是这样的。我们的目标是创新发展，改体制谋创新谋发展。大地建

沧桑风度

设是团队参与改制的，我们承诺与 8 000 多职工过去是一家人，今后都如同家人，尽可能关照，优先给予上岗机会。具体做法是每人给三次机会，拿出三个工作岗位供选，三个岗位都选不到合适的工作，才下岗。每个人都给三个岗位来选，对公司经营团队的压力是非常大的。首先要有大的市场份额，要接到足量的工程，才可以满足偌大的就业需求。为了企业的发展、为了明天更好，为了 8 000 多职工不下岗，我让自己辩证地看待这种"压力"，压力大我们就得努力地拼搏，努力地抓市场，尽到企业家的社会责任，干劲往往是逼出来的，度量是要靠多历事撑大的。企业解决不了别人的问题，最终也解决不了自身的问题。

改制后的大地建设，就这样跌跌爬爬，终于站起来，可以小心翼翼，慢慢地从崎岖向平缓之地过渡。应该说，这里面起到关键作用的，还是企业家的担当和责任，是我们临阵不乱，选择了从容大度与善良。改制的后遗症逐步得到消解。南京市委市政府、建委建工局每年都要表彰大地建设，因为大地建设职工除了改制那半年时间到北京到政府闹事外，稳定下来以后，直到今天，再也没有人上访过。劳动密集型的建筑企业改制，是全社会公认的老大难，后遗症无穷，许多企业被群体性事件拖垮，一些企业改制几十年都不能太平，政府主管部门的大门口，三天两头发生因改制利益纠葛而产生的上访聚集事件。并非大地建设的老职工一定比其他企业的好说话，而是他们的利益诉求都能得到企业的重视，哪怕有一点点合理的地方，甚至合情的地方，我们都担待了。

一直到现在，每年，我给公司党委拨款 300 万元，作为解决这些老职工困难、代表党送温暖的专项资金。不管已经是社会化的人，还是企业的在岗员工，有困难来公司求助，我们都或多或少，据实情给予资助。如果有大病大难等严重问题，公司都尽力帮助解决困难。虽然公司已经是民营企业了，但不能完全按照你有多少股份、他有多少股份来办事。老职工都曾经是企业的一员，大地建设在一天，他们就有一天的企业之家。我们要善待老职工如同善待家人。

为了说服所有股东代表，我还给大家算了一笔"软账"。我说，企业稳定了，人心安抚了，向多背少，和气生财。我们管理团队的精力也能更多地腾出来，出去多接一些工程，那就会赚回来更多利润，有了钱就可以帮助更多的职工，人心更和谐，大家庭更温暖。如果让繁杂事务把企业主要骨干的精力占去，企业发展不好，新老职工都不会得到实际利益，个人与集体之间相互抱怨，感情会形成恶性循环。企业的负面效应会放大，伤和气，没面子，气难正，劲难使，这样的企业环境，多么紧张压抑啊。大地建设怎么能走到这样狭隘的道路上去呢。

三十三

树欲静而风不止。正常诉求的职工都得到了关心之后，企业开始风平浪静。百废待兴，我把精力转移到企业管理和发展的正轨上后，有极个别的人看到我们的局势稳定了，他们的心里反而不安宁了，开始吹起了阴风，通过向上级纪委等部门写匿名信等背后动作，激起中伤我个人的潜流。举报大地集团在改制中国有资产流失，举报我出资不到位，举报我改制时违规操作，等等。我只好又把注意力拉回来，尽心尽力配合有关部门的调查。我吩咐员工敞开大门，积极主动向调查组提供交易记录、财务账本、会议纪要、投标档案等一切所需材料。我们提供的书面材料装了整整一皮卡。我要求所有参与竞购的工作人员和投资管理人，接受问询时如实向调查人员陈述事实，上百人放下了手中的工作。涉及工程技术关键岗位人员的，一个人中断工作，往往一个工程就停摆了，前后 10 多个大施工项目受到影响。

心底无私天地宽，我们并不慌张，只是心里有些委屈。别人为什么要背后中伤我们呢？我们配合政府，克服重重困难，完成了企业改制，有关部门为何不信任我们呢？当年这点小情绪，后来也化解了，因为我想通了，一个

沧桑风度

新旧交替中的企业，接受群众监督是必须的，有举报说明人们在乎我们这个企业，关心我们这些未必十全十美的企业家。上级有关部门介入，正是帮我们举证澄清的好机会，这难道不是政府行使了另一种意义上的关心。我们配合调查牵扯了精力，感觉很疲惫，但调查工作人员更累，他们通过大量研读和访谈，一一排除了举报列举违法点，所作的一样是大海捞针般的海量工作，他们也很辛苦啊。

退一步海阔天空。这样一想，大家的心情都明朗了不少。

改制中的问题一一得到澄清，举报我个人出资不到位的问题，也证实为子虚乌有，还了我清白。改制时，我没有多少钱，当初借钱是有条件的，就是不允许跟关联企业借钱，也不允许跟同行借钱。我的个人投资是从民办大学的开办者，一位一直从事教育行业的退休人员手里借的。调查组查到当时账是怎么转的，一直查到原始的账根，得出我的出资是到位的，款源是清楚的，不存在任何非法问题。

可调查组给我们正名了之后，我们还是没能消停，紧接着又遭遇到媒体的敲诈和诬陷。

南方某经济报道报的记者刘某，有一阵子频繁约见我，说收到读者的举报材料，大地集团改制和征用土地中，存在非法交易和腐败行径，需要调查采访。我们接待刘记者，向他提供了说明材料和上级有关部门对某些不实举报的调查结论。这位记者先后来了三次，可每次都不就材料说话，也不要求我们推荐采访对象，更不向我们开列问题清单，一直支支吾吾，王顾左右而言他。我们热诚地接待他，希望能为他的采访服务，这位记者突然神情严厉地告诉我，稿子已经写好了。我问能否让企业看一看再发稿，毕竟这不是小事，万一与事实有出入，企业受到的损失不可估量。

刘记者笑着说，是的，像我们这样有影响的报纸，发出去几篇重磅报道，能让企业多赚几亿、几十个亿，也能让企业损失几亿、几十个亿，甚至倒闭，老板坐牢的也有，先例多得很。然后表示，不能给企业审稿，因为这是批评报道，不是表扬稿。

接着，刘记者就给我"上课"，介绍他们经手的撤稿成功案例。我听得出来，他们真正的目的是要我们赞助他们一笔办报和广告费用，开价580万。我一听，非常生气，正告他，这是两回事，如实报道新闻是媒体本职，是媒体人起码的良知。需要拉赞助拉广告，跟怎么报道不应该关联，报道的依据只有一个，就是事实。我们不会去为诬陷买单。

刘记者气呼呼地走了，临走前说，我们采访的大企业多了去了，再大的老板都有一个共同的优点，那就是头脑清醒、不妄自尊大，算不上俊杰，也得识时务吧，大地建设在我们关注的企业里算是中小型吧，企业家像于先生这么不识时务的，真的不多。

既然刘记者这么不上路子，还敲诈和威胁采访对象，那我们只能求助法律。我派出大地建设的法律团队前去报社交涉，他们连续一个礼拜，天天到报社求见负责人，硬是没有一个领导肯出来见面。只是让办公室主任面对法律团队，帮助核实。好容易，他们拿出了拟发的稿件，记者刘某那篇《南京大地建设集团争议改制调查：隐匿的百亩地权》，经核查，确认文章中曝光的所谓改制中隐匿土地，完全是胡编乱造，百分之零点一的真实都没有。法律团队当即出具文件和法律文书，希望报社撤销或纠正错误稿件。然而，我们的人刚回到南京，他们就原稿刊发了出来。

报道出来后，负面效应迅速扩散。真是"好名难出庄，丑名扬天下"，天南海北，许多朋友，无数同仁，给我发来关心和核实的信息，每天都收到几百条。我浑身长满嘴巴，也来不及答复，来不及澄清。江苏省纪委本着对企业负责、对新闻监督重视的态度，紧跟着派来调查组，就报道事件进行核查。一番查证之后，发现确实没有报道中列举的问题，就给这件事画上了句号。

然而，负面报道稿件在网上的扩散，却无法清理，给企业无形资产带来的损失，的确可以用10亿元计。

善恶有报，某经济报利用公众话语权敲诈企业，伤害无辜者，屡试不爽，最终积恶成罪，进入法网。后来，警方查明，自2009年以来，南方该经济报连同另外三家媒体、七家传媒运营公司，仗其在业内具有的广泛影响力，与润言、鑫麒麟等多家公关公司结成不法利益共同体，利用上市公司、IPO 公司对股价下跌、上市受阻以及相关产业公司商誉受损的恐惧心理，以发布负面报道为要挟，迫使数百家被侵害公司与其签订合作协议，收取"保护费"，进行"有偿不闻"。原 21 世纪传媒股份有限公司总裁沈灏等 30 余名犯罪嫌疑人，被移送检察机关审查起诉，涉及罪名包括强迫交易罪、敲诈勒索罪及非国家工作人员受贿罪、职务侵占罪等多宗个人犯罪，涉案金额上亿元。

企业改制的前前后后，承受多少压力，遭受多少委屈，真是一言难尽。我的家人和同事发现，我在广东睡露天广场、在大街小巷疲于奔命，在海南与蛇同眠、与魔共舞，在南京工地上夜以继日，迎风沐雨，都始终朝气蓬勃，精神饱满，自信昂扬；而改制几年，我一下子苍老了很多，经常神情忧伤，步履蹒跚，老态初显。但自始至终，这一切我除了回家偶尔跟爱人嘀咕几句，解解压，走到外面，从来都是牙关紧闭，没有发出一句怨言。大地建设要养活几千职工，要再续辉煌，继续为国家建设添砖加瓦，领头人既要能坚守正道，又要能正步前行，不可示弱，也不可有半步摔倒。

三十四

改制，让大地建设这个走过半个世纪的老国企，再次走上了辉煌的腾飞之路。我们深知，国企也好，私企也罢，不管什么体制形式，管理都是命脉，是企业长久稳定和持续发展的永恒主题。我和我的团队坚持不懈地推进管理创新，积极探索管理创效的新途径，走出了一条质量效益型发展的新路子。

大地要再出发，必须去除历史积弊，为企业"消肿减肥"，这样才能轻装上阵。大地建设从简化机构、优化人事开始改革。经过实地调研和对照逐年效益，作出了裁撤经营不善的部分分公司和城市办事机构的决定，关掉了在乌海、郑州、包头、兰州的四个分公司和北方的几个办事处。基层单位整合重组，全公司的优质资源得到更好的利用，增强了整体竞争力。大刀阔斧地进行人事制度改革，削减了管理层次，去除三到五个中间台阶，压缩非生产人员的数量，缩短他们的晋升通道；公司创新考核制度，成立了绩效、薪酬、审计等四个委员会，直接对董事会负责，为上至总经理、下至普通职工的每一位员工，建立一企一案，一人一档，按百分制进行绩效和责任考核。精简考核项目，聚焦实绩，随时积分，快速兑现薪酬和调整职级。考核不仅影响到每一名职工的收入，还关系其升迁和"饭碗"。公司成立独立的"提名委员会"，根据职工业绩，向董事会推荐干部。建立起公平、公正、公开的选人用人平台，提高了干部队伍素质，改善了管理人员和作业人员结构。如考核不过关，职工降级任用，连续两年考核不过关，就予以辞退。这又刺激了职工的上进心，增加了对集体的敬畏和对个人的约束，大大提高了全员工作效率、工作质量和责任心。

根据公司规模扩大和多元化经营的实际情况，2007年我们再次启动新一轮管理模式创新工程。大地建设在全面预算管理、项目预算管理、内控体系的建立、人才团队的建设以及打造高效的执行力方面，不遗余力，不厌其烦，采用管理界的新方法、新理念、新手段、新工具，使公司的管理逐步适应改制企业的需要，适应市场的发展，走上了正轨化、制度化的路子。2008年我在董事会上郑重地提出了在全公司推行全面预算管理决定。根据集团公司的组织架构及管理层级的特点，大地建设采取了柔性控制和刚性控制相结合的方式。就整个预算管理体系而言，以"柔性控制"为主体，但就预算管理分解、落实责任指标而言，又强调"刚性控制"，从不同的方面对预算执行过程实施控制，保证公司生产经营过程向既定的生产经营目标发展。

"一流企业靠管理，二流企业靠产品。"加强公司内控机制的建立一直是我关注的重点。2007年至2009年大地建设先后完成了《企业管理标准》《员工手册》《内部控制规范》《质量、环境、职业健康管理体系文件》《项目预算管理规范》《责任追究制》等一系列文件的制定与改版，所有制度均实行动态管理，做到及时修订，及时发布与实施。通过季度检查、年度考核与薪酬挂

沧桑风度

勾的方式促进了各项纲领性文件有效推行。所有制度的推行旨在保证公司经营管理合法合规、资产安全、财务报告及相关信息真实完整，提高经营效率和效果，促进公司实现发展战略，为公司依法治企提供必要依据。使企业管理工作向规范化、制度化迈出坚实的步伐。

这段时间，我读书的兴趣也相对集中到中国的历史，尤其是近代革命史，以及日本、欧洲等国20世纪八九十年代涌现的管理学大师作品。再忙，每个月我都会去一趟新华书店，履行我这个"资深读客"几十年坚持的"打卡签到"，选购图书。这些书堆在床头，每天睡觉前阅读两个小时，有时候应酬到很晚回家，洗漱后上床都十一点多了，但没有阅读就是睡不着，经常要翻书到子夜。我爱人经常笑我，说我越来越像个教授，而不是老板。

不过，我现在读书的内容已经大变，读书更多是我修身养性的身心休闲，没有太多的目的性。当年不是这样，在整个人生奋斗与事业攀升阶段，我的阅读主要是为了学习，也真正得到了学以致用的好处。从中国革命和中国建设走过的光辉历程上，我得到一些启迪，从而运用于公司关键转折期的战略调整上；从管理学大师作品中，我了解到现代企业经营和管理上许多细节性的智慧，吸收到自己的日常管理中来。

正是书籍导师的点拨，使我认识到，在大地建设改制以后，需要培育新的经济增长点来推动企业实现"华丽转身"。2004年改制重组后，我与董事会成员对企业的50年发展历程进行了系统梳理，认为企业的战略转型是大势所趋，更是施工企业生存发展的必由之路。我们果断重新修订了企业战略规划，明确了转型的任务和目标，先后在房地产开发、海外经营、建筑工业化体系、隧道、桥梁等专业领域进行经营方向的大规划、大布局，使企业业务几十年固化的板块取得了突破性扩展。在做优、做富、做大、做强建筑施工主业的同时，向建材、房地产、投融资等领域积极拓展。逐步搭起主业（承揽工程）、专业（专业化和工厂化建筑企业）、外经贸（对外承包工程、投资）、投融资（房地产）的架构，从单一的工程施工企业，向建筑业的上下游领域、向境内外"全面开花"。

南京地铁一号线北延
D1N-TA02标吉祥庵
站项目现场

南京地铁一号线贯通

南京地铁六号线双龙线出入场区间

沧桑风度

工程施工是企业的"传统强项",必须坚决保持强势,不断注血。我注意到建筑业走专业化、工厂化道路是大势所趋。于是,大地建设投资兴建了钢结构公司、混凝土公司、地铁盾构管片公司、机电设备安装公司和专门进行房屋工厂化生产的中法合资普瑞公司,这些公司相比江苏省和全国同行业,一投产就保证了设备精良、技术精湛、管理规范的领先地位。企业拥有了道路桥梁、机电和设备安装等十几个专业队伍和工厂,将工程的构件、管片、浇注等工序放在后场,工厂化生产,采购、组装一体化,既缩短了工期,也提高了招标能力。

大地建设配套一流建筑企业应有的"硬件",开始有实力进军新型城建基础项目。如有了地铁管构片工厂,企业不但承揽了南京地铁一号线、二号线大部分管构工程,还在六号线、宁马线等地铁工程中"接单"。由于在工程中提供了从材料到施工一整套的服务,公司的盈利能力迅速增长。大地建设,从土建安装主业中孕育、诞生的各个专业公司,在市场竞争中越战越勇,同时又用良好的经济效益源源不断地反哺主业,为主业的更大更快发展提供新的资金支撑。为什么要强调反哺主业?因为主业职工是大地人数最多的,改制时带进的8 600多个员工需要岗位,需要让这些人员有班可上,有饭可吃。大地集团还有常年聘用的农民工,这个就业数字在3万以上。企业责任不光是效益责任,同样也有社会责任,我们没法把企业的每一笔账都算得那么精。在花钱这件事上,我经常跟股东们阐释我的观点:科学花钱,清醒算钱,糊涂看钱。不是所有钱都是用来赚钱的,钱分三七开,七分清醒账三分糊涂账比较好,收获社会效益,种植人心缘分,也是值得。一个没有奉献和博爱精神的企业,不是我要的理想企业。实践证明,本着这个理念和情怀,不但让企业摆脱困境,呈现旺盛的发展势头,还让"大地"有了灵魂,有了美好,有了魅力。

与此同时,公司还大力推进工地现场文明管理、质量管理、文化建设,树立企业核心精神。过去,抓质量、抓管理,"大家都负责,其实都不负责";现在,推行"一线责任承包",每个职工都有自己的岗位职责、流程。在大地建设承建的每一个工地，都有清一色的大地建设形象标识，挂起"用大地人的勤奋，营造大地的精品"的企业精神的横幅，以激起职工的责任感、使命感。

大地建设所涉及的业务范围，已从单一的施工主业进入多元化发展的"高速通道"，经营范围逐渐明朗清晰，聚焦到四大板块群，传统建筑安装业务板块；以房地产开发、境外投资为主的投融资板块；以新型建筑工业化及住宅产业化体系为主的新型建筑材料生产板块；以境外投资、旅游、酒店、新型建材出口为主的外经外贸板块。如此，对传统的以土建施工为主的施工产业的挑战与突破，毫不夸张地说，开创了江苏省乃至全国施工企业走多元化发展道路的先河。大地建设四大板块齐头并进，很快就闯出一片全新的广阔天地。

这里需要特别说明的是，今天的大地建设，经过这些年的实践，在不断进行战略优化调整后，已经有了相对稳固的主导市场的"四大板块"，而现行的四大板块，内涵又有了新的变化，更加有活力，有前瞻性，某种程度上引领着全中国的市场方向。一是建筑业板块：以绿色环保、节能装备为核心的智能装备式一体化代替了过去传统的建筑模式。二是科技板块：大地建设以"世构体系（框架）"、短支剪力墙体系为核心的，以及塑面刚系结构石膏轻质板"陶立板"为维护的三大体系闻名全中国。这也是中国第一家早在1994年引进法国技术并加以本土化，研究开发成功，填补了国家生产技术空白，由建设部向全国做了推广。三是海外板块：以一级地产为核心的境外投资，起步较早，底子厚实。在国家提出"一带一路"倡议后，又加大了投资力度，取得了不凡的业绩，扩大了国际信誉度。四是投融资板块：以房地产开发为先机，深化绿色新型建筑材料研发和率先应用，以成功案例说服市场，大力推广普及，走向世界。同日本伊藤忠商社及伊奈公司、马克斯通公司合作研发的100多种新型材料，在主销日本的同时，销往世界各地，运用后反映极佳，不断取得循环订单，使大地建设成为真正的国际材料制造商。

大地建设集团走出国门,积极参与国家"一带一路"倡议布局成果展示————
新加坡榜鹅西政府组屋工程(全装配式建筑)

新加坡三巴旺政府组屋及堪培拉地铁商业综合体项目——获得2021年新加坡建屋发展局（HDB）年度奖项

新加坡盛港社区

沧桑风度

三十五

　　在大地的企业战略中,"走向世界"板块远不是我们最大的利润,而是我们最大的荣誉。

　　早在20世纪80年代初,大地建设就在政府的引导和部署下,尝试海外拓展的经营策略,成为较早走出国门,承接工程的公司之一。当年我在广东和海南立稳脚跟后,也通过赢得当地外资方的信任,顺带承接了部分海外工程项目,为整个企业的海外战略率先做了有效的践行。进入21世纪,在我全面主持大地建设经营管理工作后,公司获得了对外经营权,企业外向型发展更是如虎添翼。我们先后在伊拉克、科威特、老挝、缅甸、北也门、乌干达、巴巴多斯、日本、阿尔及利亚、柬埔寨、新加坡、乌兹别克斯坦、毛里求斯等近30个国家和地区完成了大量的经济援助、工程总承包、项目投资等外经外贸工作。公司改制后第一个5年里新签外经合同额数亿美元,百分百完成外经营业额,外派人员数千人次。多次获得省、市先进外经企业的光荣称号。

　　这样的成绩单的确是一份巨大的荣誉。"中国大地"的中英文横幅和施工彩旗,飘扬在这个蓝色星球多个经纬交叉点上,让我们凌云的壮志越来越高,放飞的梦想越来越远。

　　当然,任何荣誉的获得,都不是轻而易举的。

　　我们对"走出去"战略,有过犹豫,有过争议。毕竟,我们可以争取到的市场,以及老国企留给我们的海外市场基础比较特殊和薄弱。大多数是欠发达国家的项目,有的属于援助性质,企业以大局为重,不计较投入,但一定要保质保量地产出。股东大会时,我表态企业要有使命感和责任感,要有公心、爱心,既要博取利润,又要有社会责任担当、国家义务担当,不能

大地建设集团走出国门,积极参与国家"一带一路"倡议布局成果展示——新西兰玫瑰花园

沧桑风度

唯利润最大化。一些股东持有不同意见，甚至有的人拍起了桌子跟我争论，反对沿袭国企的做法，认为国家只是鼓励但并没有规定民营企业对外投资、援助建设，我们正好乘机收缩，集中精力和资金，做大做实国内市场，博取丰厚利润。将来，等大地缓过劲来，再调集力量增援海外，一样可以兑现企业的大胸怀，为国家做大贡献。

此时正逢大地建设拿到了改制后的第一个国外项目——阿尔及利亚政府楼的建设工程。工程进行到一半，突遇7.6级强烈地震，阿尔及利亚首都遭到天灾重创，房屋倒塌不知其数，当地的在建的工地，一片狼藉。消息传回国内，大地建设集团总部惊慌不已，"撤回来"的意见迅速成为主流。我也很揪心，但还是没有轻易动摇。

也是天助"大地"——实际上还是"大地"自己帮助了自己，过了几天，新消息传回来，事件发生逆转。原来，在大地震中，周围其他国家的在建工程全部在地震中倒塌，只有大地建设的工程屹立不倒，丝毫没有受损。"中国，好样的。'大地'好样的……"视察完受灾工地后，阿尔及利亚政府有关部门负责人，向大地人竖起了大拇指。从此，"大地"在阿尔及利亚一路顺风，工程不断。

2008年5月新加坡分公司成立，在成立伊始便承接了PUNGGOL WESTC17项目，工程造价9 170万新元，折合人民币约4.5亿元。经过不懈努力，这个工程成为新加坡外力建设高质量工程的标志，大地建设于2012年取得新加坡建设局颁发的最高等级资质——CW01A1，相当于国内建筑业的特级资质。这样，"大地"被允许在新加坡无限制地承接工程，为大地建设在海外快速发展树立了一个新标杆，极大地提升了"大地"外派各个国家的分公司的信心，也影响了后方总部的情绪，股东们纷纷认同我坚持的方向，意见高度统一，领导团队充满了凝聚力。

为了进一步架构起经济效益显著、品牌效应鲜明的对外拓展体系，2009年我带队对柬埔寨日月湾地区进行了充分的考察和调研，发现该片区区位优势突出，距西哈努克市27千米，距西哈努克机场仅7千米，交通十分便捷，而且其被越南、柬埔寨、泰国所环抱，犹如一串美丽的海边明珠，海滨旅游中心特征明显。那沿海的美丽景象和未开发资源的闲置，令我回想起自己曾经奋斗过的三亚。经过严密的测算，我觉得日月湾地貌资源丰富，投资发展成国际级的旅游度假区，会有乐观的前景。回国后我立即召开董事会，做出了重要决策，在此购置土地150公顷，投资兴建旅游度假村。

海外买地投资，这标志着大地建设不仅仅只局限于向海外输出技术和人才，更开始着棋于投资布局，这将为企业带来更丰厚的回报。后来被证实，这是南京"大地"人又一具有深远眼光和长期回报的海外投资杰作，在企业的发展史上具有十分重要的跨越式意义。

我们在改制和拓展中探路，终于走上了良性发展大道。改制让大地建设得到新生，8 000余职工从此"突出重围"。此后我和我的团队，顶着风雨走，迎着困难上，在人为的艰巨环境中做大了心胸，在复杂的社会竞争白热化中，做大了市场。我们一直有困难，一直在前进；一直有周折，一直在发展。"大地"从改制时候的年产值20个亿，10年就发展到年产值153个亿。尤其值得书写的是，格局需要付出，风度需要买单，但格局风度的长效并未负我，而是涌泉相报。从国内市场，到国际市场，"三国四方"战略大放异彩——所谓的"三国四方"，就是在大地建设改制10年的成绩单中，70多亿的年收入是在国外市场取得的，60多亿的年收入则是国内市场取得的，"大地"的海外收益逐年增加，已经持平并超越国内，"大地"成了真正的国际型企业集团。企业对国家的贡献也是有目共睹的，一年的产值，8 000多人养起来了，没有推给政府，没有推给社会，职工平均收入比改制之前翻了几番，第四年交给国家营业税3.44亿元，纳税是过去的十几倍，另外还有所得税若干。

为国际上那么多国家的建设发展所作的贡献，是世人有目共睹的。大地建设用了10年，就在新加坡、柬埔寨、新西兰、阿尔及利亚、伊拉克、乌兹别克斯坦、毛里求斯等国家站住脚。而主打业务，并不是以过去的劳务用工为主，而是以投资的形式，以BOT的形式，以总承包的形式，占有这些国际市场，业绩也蒸蒸日上。

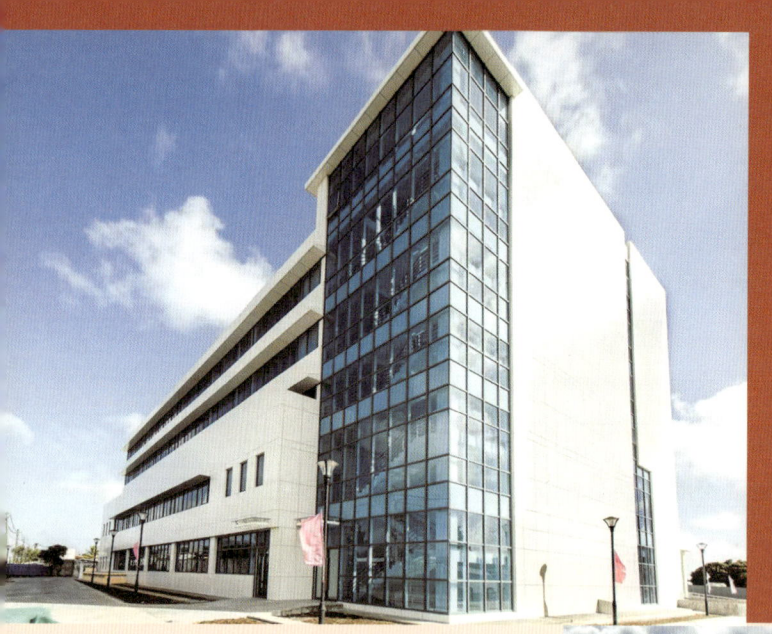

毛里求斯维多利亚医院

柬埔寨中瑞国际度假村酒店

新加坡华侨中学

第六章 风度恰是风与度

外经外贸版块争取到海外市场，获得了丰厚利润，也反哺国内。我们承接国家商贸部、外交部对外经援的项目，像乌兹别克斯坦空军医院、毛里求斯医院等，都是国家援建工程。大地建设长期承接外国工程，在材料工业系统也逐步走到国际前沿，逐步比对，认识到传统的房屋、建筑带来的环保问题，比较严重，于是通过10年的合作和谈判，将法国世构体系引进到中国来，集团成立了南京大地建设新型建筑材料有限公司，并在江宁开发区购置土地兴建大地建设工业园，形成了集预制房屋构件、地铁盾构管片、市政管网构配件、混凝土构件、文化艺术石、预拌混凝土及干拌砂浆等新型建材生产于一体的建筑工业化基地。大地建设工业园快速发展，引进国外技术和自己研发生产的新型建材产品已有5大系列上百个品种。新建材的产值在集团公司的总产值中所占的比重逐年升高，以低碳、节能、环保为新的标准，投产新型建筑工业材料，获得了600万平方米的新型建筑市场。在外贸上，大地建设每年有100万平方米的100多个品种的建筑材料出口到日本，然后由日本转口到欧洲，销到一些发达国家。

作为国内第一家建筑工业化材料生产商，大地建设是建筑工业化领域第一个吃螃蟹的，国内其他企业涉及建筑工业化至少要晚10年，我们收益后及时积极向全国各个省市进行生产和运用推广。在我们的引领和促动下，全国开始重视建筑工业化。当时我亲自担任组长，研究出台《建筑工业化规范规程》，填补了国内的一项空白。

第七章

滴水荣华

个人的荣华，再多也不过是海洋和天空馈赠的一滴滴水珠，映射不出大美的世界。只有汇滴成流，报以涌泉，才能被江河接纳，永不枯竭。个人光彩是小美，助人之美是真美，人人都美是大美。

——于国家

第七章　滴水荣华

三十六

个人和企业一起成长的实践，让我认识到个人发展的核心力量是文化，企业壮大的核心力量是科技。关于个人，我从懵懵懂懂的少年时代，受祖辈、父辈有意无意的影响和启发，大概就有了比较明晰的认识。所以，我从来没有敢放弃过学习，从来没有轻言读书无用，在人生的风风雨雨中手不释卷。而对于企业，当我作为一个小工组长，蹲在第二历史档案馆的建筑工地上，用手工搭出模型，并成功运用到建筑实体的那一刻起，就坚定了企业发展的那份至关紧要的科技核心观。

这些认识，只是我的体会，并非我的发明。从 20 世纪 80 年代起，国家提出科教兴国战略，这种战略的智慧，辐射到每一个人身上，每一个企业、行业当中，为我们带来了无穷无尽的利好。

20 世纪 90 年代初，南京市委市政府启动了国有企业在职人员的培养工程，选送优秀的业务能手和技术骨干到高校深造。1992 年我幸运地成为市委组织部的选调进修生，走进了我神往已久的东南大学，学习理工专业课程。2003 年，我再次获得深造机会，被组织选派到南京师范大学，半脱产学习政治经济学的研究生课程。周末一天，加上两个工作日，一周三天课，扎扎实实地进课堂、进图书馆，听课、讨论、做笔记、做作业、研究课题。进出大学的大门，跟年轻人一起走在校园的芳径上，坐在大学教室里听课，挑灯在图书馆资料室夜战课题，我有着难以言表的复杂感情。人生，正常的流程应该是从温馨校园学得一身才艺，然后跨进激烈的社会河流，搏击风浪，而我们这一代人，流程是打乱的，在该读书的年龄到社会打拼，在该打拼的年龄到校园读书。我们有着更多的遗憾纠结和痛苦，但时代也在给予我们填补缺憾的机会，我们依然是一群幸运儿。除了倍加珍惜，更加拼搏，我们别无选择啊。

成吉思汗博物馆

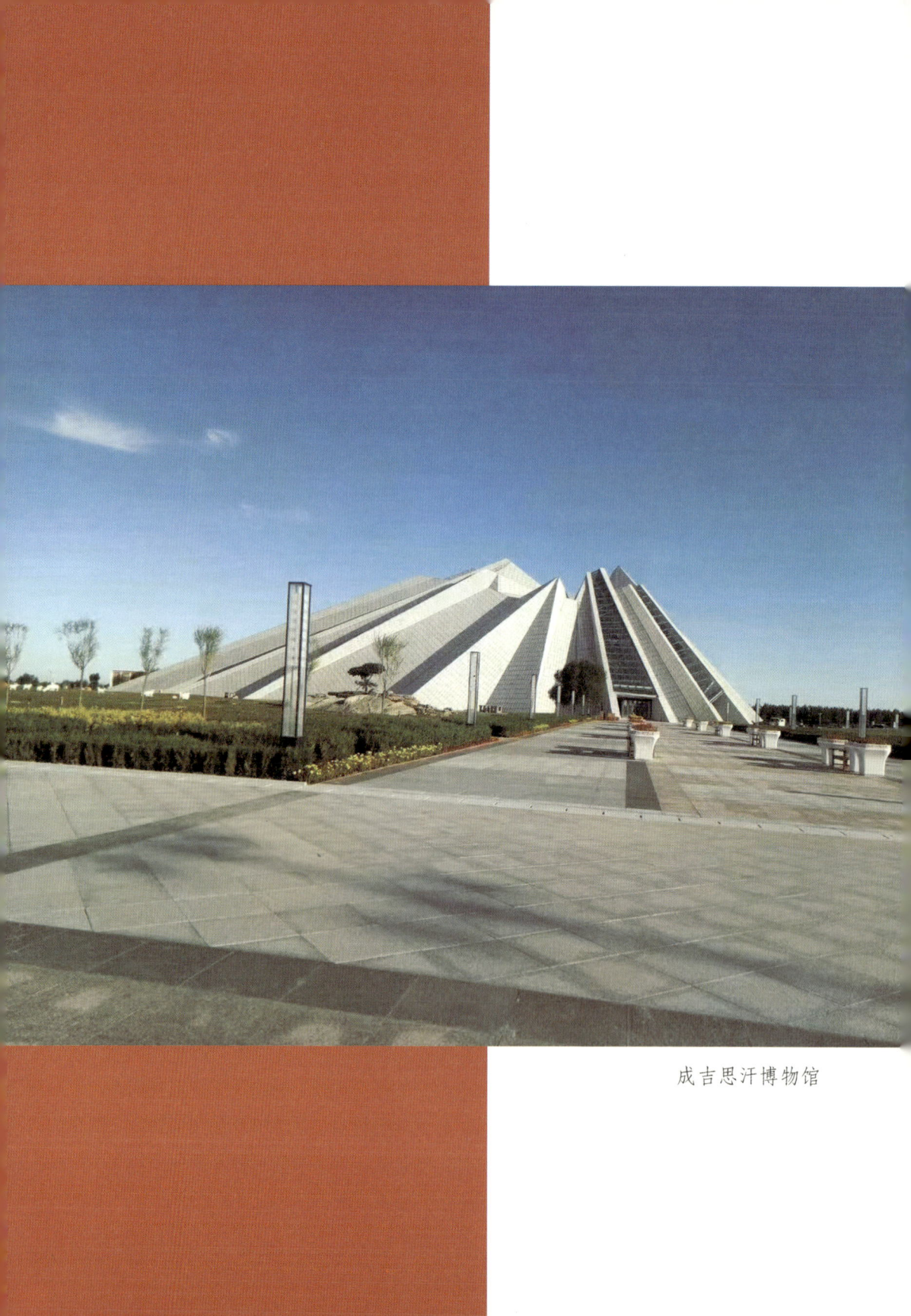

第七章 | 滴水荣华

这两次学习，让我受益匪浅。就像自己的"软件"得到了一次很大的升级。我本科学的是理工科，只知道三大力学，知道操作技术方面的知识，对企业管理、投融资、上市等经济学只知皮毛，很多事停留在社会认知层面，没有形成知识体系。南师大政治经济学为我们开设的29门课，包括金融、国际金融、会计学、经济法、外贸、证券等，系统化学习以后，我收获很大，无论是实用管理技能，还是心胸眼界，都得到了飞跃式的提高和跨越式的拓展。比如，过去在财务管理上完全依赖财务主管，五种报表拿来，基本看不懂，看不懂硬着头皮也得签，签过之后又于心不安，生怕出错。通过学习，一下子开窍了，一段实践后，我甚至可以指导财务主管怎么更巧妙地做报表。财会以外的预算决算和审计流程，全程熟练。

而工程技术更是我娴熟运用的专业。我精通工程学、结构力学，设计院拿来的设计图纸，30层几万平方米，一个晚上就能看得一清二楚，框架结构、基础力量、承载荷载，各种数据了然于心。通过学习，又夯实了理论基础。这使得自己40岁之前就荣幸地跻身国家一级建造师、高级工程师行列。读万卷书，行万里路，多种知识体系的形成，加上实践并行，使我基本上算是一个文化知识复合型人才，完成了真正现代人意义上的"四十不惑"。

在实践中，我和我的团队把每个项目都看成是一个创造作品，一本新书，而不是一个钢筋混凝土的复制品。所以，大型项目实施的过程，就是实验和创造的过程，我带领团队全程写实验报告，结束后都能写出论文。基于金奖施工工程的实践基础，独立著述《成吉思汗博物馆153米不规则锥形折板网壳》，在《中国钢结构协会打胯空间结构优秀工程汇编》上发表；在《建筑技术》《江苏建筑》等业内期刊上发表了《南京国际展览中心超长大面积预应力楼盖施工》《南京国际展览中心大型钢结构施工技术》《钢骨混凝土高位连体结构悬挂式模板系统施工技术》等专业技术论文，以及行业管理科学论文《建筑安装企业的战略转型发展管理》《加强内控管理，助推建企营改增稳步推进》等。"大地"承建的一栋栋大型建筑，一个个规模园区，凡是重点工程，有挑战性的项目，胜利的灵魂是"大地"科技攻关团队，我也无不参与，

沧桑风度

经过实践，和反复研究思考，写出了多篇论文。这些大地上的作品和白纸上的作品，铆钉在我事业的各个时段。这些年，论文足以累积成一个厚厚的文集，可以说，这本厚书就是大地建设的"技术档案"，它可以对照实体，检验10年、30年、50年甚至跨世纪，我们的作品哪个地方的墙体松动、垮塌了，哪根柱子变形了，哪片砖瓦脱落了，哪块石材风化了，哪个地方的功能落后了，哪个地方的性能退化了，是在设计时限内还是超龄服役，哪些可以设计得更合理，哪些已经超越了时代？每一件作品，都是我和伙伴们心中的蓬皮杜中心，神圣、至美。我常常回过头来翻阅这些论文，现场回访这些工程，在梦中祈祷它们经风过雨，坚固如磐，终成经典。

今天，只要回过头来盘点自己主持和参与科技攻关与建设施工管理的重点工程，毫不谦虚地说，不需要翻阅资料，就能列数出一系列的著名项目：2003年作为项目经理完成的南京国际展览中心工程，获得了"国家优质工程银质奖"，我本人也因此被评为先进个人；2004年作为项目总指挥完成的淮阴卷烟厂工程被评为"江苏省建筑业新技术应用示范工程"，2006年该工程荣获国家鲁班奖；2007年主持完成的王府大厦工程再次被评为"国家优质工程银质奖"；2007年指导完成的"超高层建筑134.2米高空大型连体结构施工技术研究"获得江苏省住建厅颁发的科技进步二等奖；同年指导完成的"世构体系成套技术在工程中的应用研究"获得了南京市住建委颁发的科技进步三等奖；2008年作为第一作者编写的《预制楼梯制作安装施工工法》被江苏省建管局评估确认为年度第一批省级工法；2009年指导完成的"非黏土墙体材料建筑的裂缝机理及防治对策研究"获得江苏省住建厅颁发的科技进步一等奖，本人也因此被授予"江苏省建筑业科技进步先进个人"称号；2010年作为总指挥完成的"南京大屠杀遇难同胞纪念馆"项目被评为"全国建筑业新技术应用示范工程"，并荣获国家鲁班奖；同年作为第一作者编写的《预制预应力混凝土装备整体式框架结构技术规程》正式发布实施，被国家住建部批准列为国家行业标准，并在第二年荣获中国产学研合作创新成果奖。其间大地建设科技进步成绩喜人，获得国家级工法3项，国家行业

南京雨花台烈士陵园，被国家评为建国六十周年全国百项"精典型精品建筑"。该项目荣誉比"鲁班奖"还宝贵。

标准1项，8项专利获得国家授权，其中3项专利发明人是我本人。作为第一发明人研发的"U型钢筋连接节点结构""地沟盖板"两项实用新型技术，获得国家知识产权局实用新型专利权，另一个发明项目"轻质高强超抗冻融水泥文化石"获得国家专利。2013年指导完成的"基于保温节能的预制装备整体式结构体系的建筑工业化集成创新研究"获得江苏省住建厅颁发的科技进步三等奖；2014年我牵头实施并申报江苏省科技厅省产学研联合创新资金计划项目《预制预应力混凝土装备整体式框架剪刀墙结构体系研究》被住建部列为部级科研项目；同时，《预制装备整体式结构施工质量与检测》被南京市列为市级科研项目。这些科研项目经过专家组审定，成果均达到国际国内领先水平，得到了推广运用，为企业发展和社会进步作出了一定的贡献。

作为企业领头人，个人的文化科学素养，说到底还是要融入事业，融入集体。我深知科技创新是搞好企业，实现经济增长的重要内容，是推动生产力发展的最根本要素，也是企业竞争力的集中体现和经济增长转型的基础。公司多次被评为建设部、省、市级科技先进单位。企业省部级技术中心已正式挂牌成立，2013年初，"大地"建设集团被住建部认定为国家住宅产业化基地，加大科技创新的投入，进一步研发节能、减排、环保、低碳的产品，来满足社会日益增长的需求。让我骄傲的是，这些年我们的科学理念和技术领先，做出了无数成功的案例。无须查阅资料，在脑子里随便一梳理，就能列出一系列事项。

比如，公司承担的"广州天誉花园超高层建筑134.2米高空大型连体结构施工技术研究"科研项目，于2006年11月通过了由江苏省建设厅组织的专家鉴定，认为该研究成果"达到了国内领先水平"。比如，"大地"创新的世构体系成套技术、超高层建筑连体结构施工技术等，获得"华夏建设科学技术奖"、江苏省建设科技进步奖等6项大奖。比如，申报国家级工法被业内人士喻为"难于上青天"。但公司在改制后，在工法申报上有了惊人的突破。由我担任组长和第一主编完成的《预制预应力混凝土装配整体式框架结构技术规程》成为国家级行业标准，主编国家级工法 5 项、江苏省省级工法 15 项、南京市市级工法 5 项，标志着公司的传统产业在技术、管理、工程建造能力方面达到了行业先进水平。

写到这里，我心中满是感慨与感激，特别想要介绍一下我们团队中的中流砥柱。在追求卓越、开拓创新以及推动科技进步的道路上，他们始终与我并肩同行。其中，老刘总凭借深厚的行业经验和独到的战略眼光，为团队指明方向；刘总以果敢的决策和高效的执行力，引领项目不断突破；庞总凭借在专业领域的深耕细作，提供了坚实的技术支撑；朱总凭借创新思维和市场洞察力，助力业务开拓新局；卞总以严谨细致的态度，把控着每一个关键环节。还有一大批技术精英，他们同样令人钦佩，无数个日夜，他们废寝忘食，数十年如一日默默奉献，为了大地的明天更加辉煌倾尽全力，是他们用智慧和汗水为大地铸就了今日的坚实基础，也为未来的发展铺就了光明大道。

企业文化的优越和科技的进步，也相应敦促产业结构优化和升级，倒逼管理科学不断向现代化迈进，向国际国内一流企业看齐。投融资、新型建材、外经外贸和建筑施工"四大板块"齐头并进，建筑工业化这条红线串起"四大板块"，形成了具有大地特色的现代建筑产业链。在以房地产、股权投资、资产管理为核心的房地产投融资板块，近 10 年来，以大地豪庭、大地伊丽雅特湾为代表的数百万平方米的商品房已经上市，另外还拥有近 3 000 亩存量的土地资源。在以绿色、节能、环保、低碳的系列建材产品为主的新型建材工业板块中，大地建设在国内扩充产能，向世界输出产品，呈现一派火红的发展前景。以海外投资、产品外销及海外工程总承包为主的外经贸板块，公司凭借多年承接海外工程积累下来的经验，先后在法国、日本、阿尔及利亚、新加坡及乌兹别克斯坦等近 20 个国家和地区完成了大量的经援、BT 工程、总承包建筑等外经工作。2009 年公司在柬埔寨日月湾购置土地 150 公顷建设旅游度假村，公司外经贸业务以此为开端向土地投资与旅游、酒店业拓展，并取得成功。30 年来，大地集团先后承建并出色完成了三期 788 栋豪华别墅、阿尔及利亚国家保障住房两批次共 2 168 套住宅以及巴巴多斯国家体育

广州天誉大厦　国际超甲级写字楼

馆等项目。在最基础性的传统板块，以房建、市政施工、机电安装为主的传统建筑施工业务，长盛不衰。作为一个大型建筑企业和国家第一批房屋施工总承包一级资质企业，有多项技术指标处于行业前列。在传统建筑施工项目上，大地建设坚持走品牌化道路，积极提升工程质量和对外形象，走以质量创效益的路子，完成了以侵华日军南京大屠杀遇难同胞纪念馆工程为代表的一批重点工程。工程质量不断提升，先后获得十多项鲁班奖、国家优质工程奖。南京地区应用建筑工业化方式建造的装配式房屋，绝大多数是由大地建设集团总承包建造的。

正是因为文化和科技这股核心合力，才拖动了这"四大板块"的马车，南京大地建设集团才能见证并推动了中国传统建筑工艺的跨越式发展，创造性地形成了以投融资为龙头、以建筑工业化为核心、以专业施工安装为支撑，具有投资、研发、设计、生产、施工直至交付优秀建筑产品的综合型产业体系，开疆辟土，填补了国内建筑界的大量空白，被业界和媒体誉为"在中国建筑史上书写了浓墨重彩的一笔"。

"大地"也在奔跑中健硕壮大。2008年公司国内外的总产值就超百亿，进入百亿集团俱乐部。现在每年都以15%以上的幅度递增，利税同步增长。在我和团队的不懈努力下，大地建设实现了"每年迈大步，年年不停步"的初衷。在效益增长的同时，大地建设致力于质量、环境和职业健康安全管理，形成了严格、科学、完整的管理体系，企业先后通过质量管理体系、环境管理体系、职业健康安全管理体系认证。科学的管理使公司综合实力逐年增强，先后荣获"全国500家最大建筑企业第76位""全国建设系统经营业绩前100位企业第49位""全国质量效益型先进企业""全国先进施工企业""全国建筑业科技领先百强""中国建筑业先进企业""中国服务业500强企业""中国建筑业最具成长性百强企业""江苏省建筑业综合实力30强""江苏省建筑业外经10强""江苏省知名建设承包商""江苏省优秀企业""江苏省建筑业最佳企业""江苏省质量管理先进企业""江苏省建筑业质量管理先进单位"等各类荣誉称号300多项。全国500强企业中，大地建设排位第324；

住房和城乡建设部建筑行业 100 强企业中，大地建设排位第 49；江苏省 100 强企业中，大地建设排在 20 强之内。

如果说，科技最终体现在实力上，那文化软实力的体现，最终在诚信和品牌上落脚。我视诚信为企业生存之本，大地建设凭借"诚信经营、文明服务"先后被江苏省人民政府、中国建设银行评为 AAA 级企业、连年被评为"江苏省重合同守信用企业"。工程质量有口皆碑，是中国建筑业获奖大户，拥有 11 个排名第一，13 个最高荣誉奖——鲁班（国优）奖，几百个扬子杯省优工程奖杯，大几百个市优工程奖杯。大地集团在中国和世界建筑业界、在整个社会的知名度，也越来越大。我和大地人一同成长壮大，我个人也多次获得"全国优秀企业家"、国务院特殊津贴专家、"全国建筑业优秀企业家""江苏省建筑科技进步先进个人""江苏省十大杰出贡献企业家""江苏省劳动模范"等荣誉，并被推举担任省、市建筑业协会的法定代表人和会长等社会职务。

三十七

自从 20 世纪末大地集团从传统计划经济过渡到市场经济，缓过气来，开始走上常规发展，到 21 世纪初改制迎来的企业巨变，开始飞速发展，每一次蜕变、重生和升华，都让我在激动之余，内心充满感恩之情。对于国家、时代和任何个人给予"大地"的支持，赋予我们的幸运，我一方面觉得一分耕耘一分收获，企业和我个人当"受之无愧"；另一方面也不断自我提醒，"无愧"的前提不光是种而有收、劳而有得，还要对国家、对全社会有所担当，"受之无愧"与"受而有为"并行，才是企业的大气、个人的担当。在浩大的世界里，一滴水有什么值得骄傲的呢？要保持光彩，不想枯竭，最好的姿态就是不要独领风骚，而是奉献自己，投身涓涓，汇流成涌，与江入海，成就汪洋。

法国KPR集团总裁和大地集团董事长于国家洽谈引进建筑工业体系（世构体系）获得圆满成功

沧桑风度

大地集团一旦有富余的力量，既改善好 8 000 余名员工的生计，也经常"吃螃蟹"，做一些对自己有负担、有风险，做成了却有益于社会的事，进行"公益性投入"。其中最让大地人自豪的事情之一，就是投巨资进行"现代建筑业世构体系、短肢剪力墙体系新技术"的课题研究和生产实践。这项耗资过亿、长跑 10 年，启动之初饱受业界嘲讽"吃力不讨好"的工程，做成后给行业带来革命性的高效利好，尤其是为国家环保事业作出了积极的贡献。

记得我萌发建筑革命的念头，可以追溯到 20 世纪 90 年代后期，我出国学习时，受到了震动性启发。在法国、丹麦、瑞典等国家建设施工领域进行考察过程中，我了解到他们那种技术与市场相对成熟的住宅建筑工业化生产方式，以及先进的材料建造技术，尤其早在半个多世纪前就开始的建筑装备工艺化和环保置前化，完全颠覆了我对传统建筑的认知。

国外工业化生产房子的工艺流程主要体现在设计标准化、构件工厂化上。具体来说，就是这种工业化生产方式由住宅建造商将部位划分为若干部品，然后进行工程组织与实施。各类部品均由不同专业化的制造商通过设计，在工厂制作与集成后，再运送到施工现场进行安装，并负责后期的质量维护。这种工业化生产模式最突出的优点是节能、环保、低碳、绿色，在整个建造过程中，各部品生产企业间分工明确，界线分明，形成协调有序的产业链。当时，相比发达国家的成功经验，中国住宅生产方式明显存在着建设成本偏高、资源消耗过大、建筑质量通病难以克服和使用年限较短等突出问题。所以，从欧洲考察回来后，我就开始反复思考，大地建设集团能否在生产方式上有所突破，引导中国建筑业走出高成本、低效率的困局。

回来后我借助资料和案例，做了一段时间的研究，提出率先在"大地"的项目中，进行技术工艺创新实践的设想。国际建筑业的发展趋势告诉我，中国已到了加快推进建筑工业化的重要历史时期。国内大部分同行对建筑工业化还处于懵懂的保守状态。我认识到必须通过建筑工业化，彻底告别高能耗、高污染、低效率、低效益的传统建筑生产方式。可以先从法国引进预制房屋的成套技术与设备，踏上建筑工业化的试点道路。我的这一提议，立即遭到一些人的质疑，大家认为这样的技术创新不切合中国实际，是异想天开。更有一些拿了一辈子瓦刀的老职工责问我，你这样干，是丢掉大地集团传统优势，第一个螃蟹没么好吃的，搞不好将断送大地集团良好的发展势头。更为严重的是，我的想法不但遭到社会上的非议，而且遇到了建筑规范、建筑技术标准及市场接纳的种种门槛的阻拦。如果硬着头皮实践，困难重重。

难怪，建筑企业生产方式的技术创新，在很大程度上将引发一场改变中国建筑生产方式的革命。秦砖汉瓦在中国已经延续了 2 000 多年，传统建筑生产方式已在中国施行了这么多年，只有单项技术的改进，没有从环保、节能、低碳方向上的大的变革，加上建筑行业的传统固有观念，人们按部就班，习以为常，缺少对建筑业转型升级发展的积极性。传统观念遭遇科学技术的挑战，肯定会遇到各种各样的阻力，怎么办呢？

畏难不是我的性格，势在必行的事，想好了就必须勇敢地迎难而上。经过一段时间的冷静思考，我决定还是要"智取"。我决定找两个行业高人，听听他们的意见，如果他们觉得可行，我再向他们求助，草船借箭，乘风破阵。

我专程到北京，分别拜访了一个大领导，一个大专家，原建设部副部长姚兵先生、中国工程院院士吕志涛先生。北京之行让我兴奋不已，两位先生不约而同地表示，会力排众议，旗帜鲜明地支持建筑企业探索新技术、新工艺，与国家接轨，有条件的，甚至可以直奔前沿，作为一个建筑业大国，中国为什么不能在行业创新上领先呢？姚兵作为建筑领域政府层面的领导，吕志涛作为学术界的权威，他们都清醒地意识到，建筑工业化是世界潮流，符合国家的产业政策和未来方向，谁能够迈出第一步，谁就赢得了市场先机，也利国利民利企业，对全行业、全社会作出了贡献。

时不我待，这场改变中国住宅传统生产方式的革命，总要有人率先破题。当然，新建筑方式的推广，是对传统观念的挑战，是对传统建筑方式的一场

浦口区巩固片区保障房项目总建筑面积 381 352.82 平方米，共有 21 幢 28 层住宅及配套设施，该项目于 2019 年交付使用

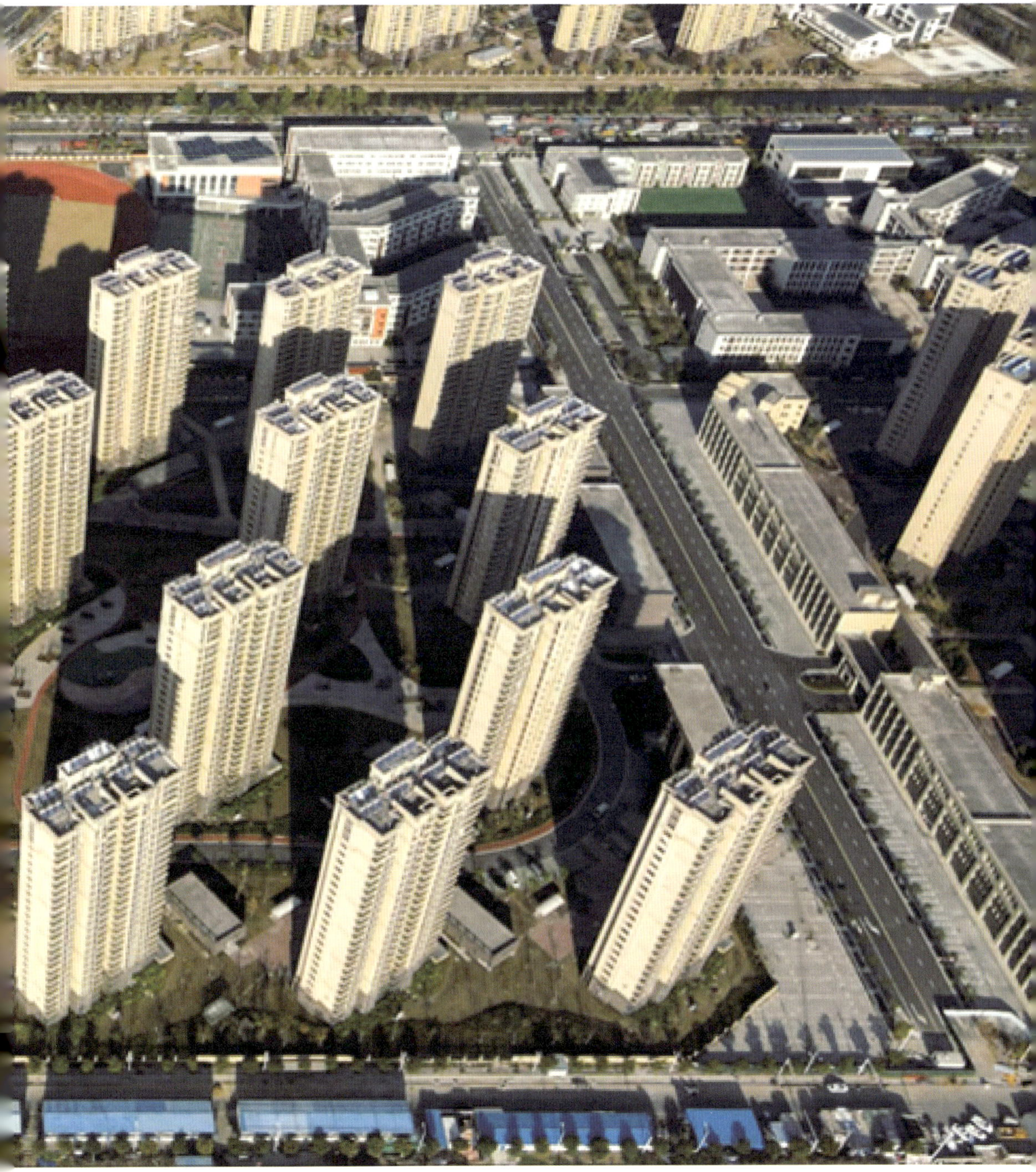

沧桑风度

革命，一定会有一个艰难的探索和推广过程，如果弃旧用新，中间出现偏差，产生事故，不但前路阻力更大，传统后路也荒芜了，我们会失去原先的优势，遭到生存的威胁。但是从改革开放以来，大地集团派出第一支南下队伍开始，正是这种敢为人先的精神，使得企业绝处逢生，此后又处处敢于率先，不断做出大刀阔斧的改革，大地建设集团才一次次有了量的剧增和质的飞跃，在激烈的市场竞争中稳立潮头。

说干就干，那一年春节刚过，我就从大地建设集团抽调了以总工程师为代表的10多名技术骨干，自己担任组长，带领一帮技术人员，与东南大学、江苏省建筑设计研究院等单位联合成立了"现代建筑业世构体系、短肢剪力墙体系新技术课题研究组"。在投入2 000多万元科研经费后，又另花了2 000多万元从法国引进了世构体系成果，并在吕志涛院士的指导下，通过消化、吸收、潜心研究、协同攻关，推出创新成果。

我们很快可以做到，在工厂流水线上批量生产预制框剪结构的柱和梁、预制剪力墙、预制楼板、预制楼梯等部品，再运到建筑工地，像搭积木一样建成高楼大厦。20年前，很多人都不相信，楼房可以像搭积木一样，一一拼装而成，觉得把建楼这么大的事，弄得像摆弄儿童玩具一样轻率，这不是开玩笑吗？何为拼装房子？其实就是装配式建筑，建筑的部分或大部分构件，如柱、梁、楼板、墙板、阳台板、楼梯等，均可在工厂里预先生产制作完成，然后运输至施工现场，再将这些建筑构件通过可靠的连接方式组合、拼装，就装配成了房子。这种拼装出来的房子，看似简单和轻松的背后，其实是一场建筑业的技术革新和产业升级，是一件十分严谨的大事。肩挑人抬的传统建筑方式累人、效率低下、管理难度大、浪费大、消耗严重、环境污染大、成本居高不下。即使有了现代化的施工设备，机器也只是做个帮手，承担辅助工作。效率问题也一直困扰着建筑业发展。现代化建筑都是一座座高楼大厦，尤其需要节约成本、提高效率、注意环保，对传统生产方式必须痛下决心来一次彻底革命。装配式建筑，可以最大限度地节能、节地、节水、节材、节时，因其高效和绿色，在欧美国家早已流行开来。根据当时我们试点的装配式住宅项目测算，装配式建筑的生产和施工过程可实现节能约 50%、节水约 60%、节材约 20%、节地约 20% 以及减少建筑垃圾约 80%。对开发商和建设方而言，可以大幅缩短工期，节约了时间成本，增加了得房率，就会带来更大的市场机会和效益。

2012 年 11 月 28 日，在大地建设项目——南京上坊保障房项目现场，国内建筑界 200 多名知名专家，实地感受了国内首项全预制装配式保障房的与众不同之处：工人们用塔吊等辅助设备，将已经预制好的梁板柱、阳台、楼板、楼梯等，像搭积木一样组装起了一座 15 层的高楼。与传统的建筑方式不同，整个建设过程没有绿网包裹的脚手架，没有众多的高空作业工人。工地上工人寥寥，组装中无尘土飞扬的场面……装配率高达 93%。

"如此生态、简约、经济的建筑方式，在国内建筑界，确实是划时代的。"现场专家观后感叹不已。

就在这一刻，"大地"立变，成为万众瞩目的技术创新型企业、社会责任型企业；就在这一刻，全国建筑业启动了一场生产大变革。中国建筑业的确进入了新时代。

现场掌声如雷，科研和施工一线的大地人，流下了激动的眼泪。

三十八

回想起引进世构体系这漫长的 20 年，我和我的创新研究团队的感受、感慨万千，可以用"惊出一身汗水、流了一吨汗水"来形容。

为了检验结构性能，十几年里，课题组对自己创立的本土化世构体系，进行了大量的结构性能试验，通过 72 个试件的叠合面抗剪试验和上千次疲劳试验，验证了世构体系叠合板的预制与现浇部分能够整体工作，直到完全肯定地得出叠合面黏结效果全优的结论。

——沧桑风度

从 2002 年至 2009 年，大地建设还多次委托东南大学合作团队，进行世构体系键槽节点拟静力试验，验证世构体系的抗震性能。直到结果表明，键槽节点的滞回曲线饱满，功比指数较大，试件有良好的耗能能力，节点延性系数大于 4，完全满足国家规范规定的抗震要求，才松了一口气。

为进一步检验世构体系构建的房屋的整体抗震性能，我们还制作了 1∶2 缩尺框架模型，先后多次在东南大学房屋抗震实验室进行抗震试验。在 43 种工况的振动台试验中，大地建设创立的世构体系表现优异，大震下破坏轻微，仅在部分柱端及梁端出现弯曲裂缝，楼板无裂缝产生，框架结构仍保持较好的整体性，完全能够保证在强震下不倒塌。

在创新实践的过程中，我们的团队经过 300 余万平方米各类建筑的工程实践和理论研究，最终创立了适合我国国情的一套完整的技术体系，其中包括设计软件、技术规程、图集和施工工法等内容，并在抗震设计、节点构造、施工安装等方面取得 9 项国家专利，形成了该框架结构体系设计、生产及施工成套技术。其间，大地建设集团主编的国家一级工法《预制预应力混凝土装配整体式框架结构梁柱键槽节点施工工法》和省级地方标准《预制预应力混凝土装配整体式框架（世构体系）技术规程》《预制预应力混凝土叠合板标准图集》先后出台实施。

2011 年 9 月 24 日，江苏省住建厅受住建部委托，主持召开了"基于节能保湿预制装配整体结构体系的建筑工业化集成创新研究"成果验收会。由 7 位国内著名专家组成的验收委员会认为：大地建设集团的世构体系创新成果，节点连接质量可靠，工程观感质量优异，提高了建筑物的整体品质和工业化程度，在降低工程造价、缩短工程工期、满足环保高效、节能减排效果显著等方面具有明显的技术经济效益和社会效益，适合我国国情，符合建筑工业化发展方向，对推动我国建筑工业化，建筑业转型升级和可持续发展具有重要示范作用，研究成果总体达到国际先进水平。同年 10 月，大地建设集团主编的《预制预应力混凝土装配整体式框架结构技术规程》成为国家行业标准，由中华人民共和国住建部发布，在全国新华书店发行并全国推广运用。同时获得中华人民共和国 9 项专利，填补了国家在此行业的空白。

为了树立形象扩大影响，我决定在大地集团自己开发的楼盘上先行先试，积极扩大应用，树立典范。虽然过程十分艰辛，但结果喜人。先期几年内 500 多万平方米的应用优良成绩单，在全国产生了广泛的影响，得到了各级领导和许多业主的支持与关心，吸引了全国各地大量慕名而来参观考察的团队。建筑工业化成果被建设部在全国推广后，仅 2013 年大地建设就接待 29 批次省级考察学习团，前来取经。

通过后期的大量工程实践，大地建设集团以高技术为依托的住宅建筑工业化优点明显呈现。具体体现在，首先是能够全面提升住宅的综合品质。采用这种结构技术，结构产品都为工厂式预制生产，每个工程项目施工都由技术娴熟的职业工人操作实施。现场装配化施工准确无误，实现了更高的生产力和更佳的质量控制，基本消除了传统施工常见的渗漏、开裂、空鼓、房间尺寸偏差等质量通病，实现了主体结构精度偏差以毫米计算。

新方式较大幅度地提高了劳动生产效率。与传统生产方式相比，较大幅度地节省人力、物力，缩短了工期。同时，大量的建筑工人由"露天作业"向"工厂制作"为主的产业工人转变。以大地建设集团采用工业化生产方式建设的某幢楼房为例，按照传统方式建造同等规模的工程，平均需要劳动工人约 140 人，平均 7 天完成一层楼的施工，而采用工业化生产方式只需要工人约 70 人，平均 3.5 天可完成一层楼施工，不仅减少了人工成本，而且大大缩短了生产周期，生产效率得到了大幅提高。比如，金盛国际家居广场框架 4 至 5 层，建筑面积 16 万平方米，主体工程工期仅用了 92 天，它突破了传统建造方式受工程作业面和气候的影响的现状，所需材料在工厂里可以成批次地重复制造。

新方式降低了建造成本，产生的经济效益也很明显。通过采用工业化生产方式，装配率可以达到 95% 以上，现场模板用量减少 80%，支撑减少 50%，节约钢材 20%，节省工期 30%~50%，管理费用节约 50%。项目综

沧桑风度

合造价大约节约 15% 以上，经济效益十分明显。我们不妨试想一下，造房成本下降了，房价自然就有了下降空间，那能买得起房的人也就越来越多。造福了企业，也造福了人民。

最让我们高兴的是，节能减排效果显著。以 2010 年统计的统计数据为例，南京市各类房屋施工面积约 5 500 万平米，仅楼板一项，如果全部采用大地建设集团研发的建筑工业化技术，仅减少的二氧化碳排放量就相当于 3.5 座紫金山植被的吸收量，节能减排效益相当可观。采用房屋建筑工业化生产方式，将大量的现场施工转移到工厂，改变相对传统的施工方式，减少了传统建筑现场搭建脚手架等材料和费用，减少了建筑垃圾的产生、建筑污水的排放、建筑噪音的干扰、有害气体及粉尘对周围环境的影响，现场施工也更加文明。

大地建设集团建筑工业化的显著优点，吸引了很多国内外开发商。从南京大地豪庭小高层住宅群；到苏州万科金域缇香 26 层高住宅群；从金盛国际家居广场，到新加坡磅鹅西 C17 工程……自 2005 年以来，每年都有 100 至 300 万平方米的各类房屋建筑，采用大地建设集团的建筑工业化技术施工。为了大力普及这一住宅建筑技术，大地建设于 2007 年成立"南京大地建设新型建筑材料有限公司"，同时购置土地 200 亩兴建"大地工业园"。此后，再在全国各地购置数千亩的土地，先后建成和在建 6 个工厂，专业从事建筑工业化部品部件的研发与生产。以工业园生产基地为载体，围绕产品特点，提高深化设计能力、研究施工技术和施工现场管理要求，并在如何降低成本，提高产品质量，提高经济效益方面作了深层次的探索。国内外多家大型企业与大地建设集团合作，利用这一技术，进入新型建筑产业链。毫不夸张地说，大地全面拓展了现代建筑业，以节能、环保、绿色为核心的现代建筑业创新发展，感召全国建筑业，不断向高科技进军。

以此为契机，通过逐年积累，大地建设集团形成了自有的核心技术和创新发展能力，不断提升建筑工业化的水平，创造了国内多项第一：中国第一家从国外引进"预制预应力混凝土房屋构件"成套技术和设备的施工企业；

第七章 | 滴水荣华

中国第一本关于"建筑工业化"新型结构体系的国家行业标准的主编单位；主编了中国第一篇关于"建筑工业化"新型结构体系的国家级工法和新型市政构件的国家级工法；是中国第一次列入住房和城乡建设部《建筑业十项新技术》（2010）子项"预制钢筋混凝土装配整体式结构"主编单位；中国第一家"预制沉井"研发及生产商；江苏第一家"地铁盾构管片"生产商；江苏第一家"过街通道预制顶管"生产商；江苏第一家"立水栓系列"出口产品生产商；江苏第一家"轻质混凝土装饰构件"生产商……

万千江河汇成汪洋，才有磅礴雨露滋润大地。一滴荣华都是恩，要成浩荡，须全身投入，全心感知，全能奉献。文化，教会了我们反哺，成为我们感恩与创新的营养；科技投入与创新回报，让我们越来越健壮。

第八章

长路与远方

> 沧海到桑田的距离,就是你的人生长路。从爱与美的初心出发,越过万水千山,最终到达的远方,依然是爱与美的内心。但那不是起点,那是庸常的生命永远不可能遇见的浓烈与灿烂。
>
> ——于国家

第八章 | 长路与远方

三十九

我是到了中年，内心才开始充盈、漫溢故土故乡情的。年轻的时候并非不想，而是自认为有很多不得想、不必想、不能想的理由。好男儿志在四方，纵横四海，不能过于恋乡，所以不得想；人在南京，户口长期在老家，心理上认同自己根本还不是一名标准的游子，不过是城市的过客，一个暂时离乡的打工仔，况且人在年轻的时候，只顾闷着头，一直向前走，脑海里浮现的总是远方、远方，朝着一个并不明晰却魅惑无穷的远方目标奔驰，只要脚下生风，当然心无旁骛，所以不必想；再有，少小离家，带着乡亲的瞩望，沿着长路走向梦想中的远方，若不能"成功成仁"，有多大的颜面"荣归故里"，又能带给这片生养我的土地，到底怎样的光荣和慰藉呢？所以，真心觉得不能想。

记得2008年四川汶川发生大地震，得知消息后，我立即抽调大地集团最有经验的50人组成抢险施工队伍，调集最精良的土木工程设备，配备盐水鸭、方便面、矿泉水、药品等灾区亟需物资，连夜开赴救援前线。现场给我们的情感冲击是巨大的，没有哪一个钢铁男儿在那样的环境里，能忍得住悲痛的泪水。我们原计划是带上设备以及队伍，无偿增援抢险救难，再捐助200万的物资。可到了现场一看，灾难远比我们想象的要严重多了，尤其是灾民的惨状和物资的奇缺，让我非常揪心。我们一边带领大地人全身心投入抢险救灾，一边和兄弟们不约而同，倾囊所有，帮助灾区灾民，直接和间接捐助物款追加到1 000万元。

在破败的家园上，我目睹了太多亲情的撕裂、乡情的破碎，也感受到了民风的纯良、人情的高尚。事情过后，回到南京，我感觉以前浮躁的情感下沉了很多。就在此期间，家国，家园，家人，家乡，这些带"家"的字眼，

沧桑风度

在我的思绪里频繁出现。我的内心情感从震荡，到破碎，到一点一点地消融、摇匀，发生了微妙的、不可思议的蜕变，或者说升华。

我记得小时候读古诗：少小离家老大回，乡音无改鬓毛衰。儿童相见不相识，笑问客从何处来。从《回乡偶记》读到的似乎是一份谐趣，一份生疏。贺知章在公元744年辞去朝廷官职，告老返回故乡浙江萧山时，已86岁，这时，距他中年离乡已有50多个年头了。人生易老，世事沧桑，心头有无限感慨。到了50岁之后的游子，再读这首诗，读到的却又几分无奈，几分遗憾，几分惭愧。同村的晚辈不识，故乡成了他乡。血脉相连却被岁月切开，竟成生人；同根同源却被山河分隔，终成陌土。客观上看，这是无奈，这是遗憾，但主观上，诗人大概也有几分惭愧吧。我们这些游子，是不是更应该从诗句里读到这些主观的情感呢？

"若有温情泽乡梓，莫等鬓衰才启程。"50多岁的一个生日，我曾在随身的笔记本上写下两句《回乡偶记》读后感，对自己作提醒和敦促，并开始频繁地踏在故乡路，走在亲情间。

当我踏上故乡路，我的心情是矛盾的，是跌宕的。

家乡几十年有所发展，变化不小，这让我感到欣喜；太多的"没变化"既让我寻找到"过去"，感到亲切，也让我对眼前相对的落后感到遗憾。我看到了通往大城市的宽阔大公路，也看到了通往偏僻乡村、半个世纪未变的泥泞小道；我看到了县城林立的大楼，也看到了小镇破旧的学校；我看到了穿金戴银、锦衣玉食的翻身老乡，也看到了赤脚走在田埂上的孩童，如同当年的我，衣衫褴褛。我能怎样表达我这纠结在一起的欢心和揪心呢？

进入21世纪，有一年我回滨海老家，到坎北村去看望一位熟悉的老乡。在我童年的记忆中，这里一直是贫穷的。几十年过后，它依然处在相对落后的状态。眼前的景象，让我心情沉重，通向千家百户的乡村交通，是多少个世纪都没有变过的阡陌小路。晴天尘土飞扬，雨天烂泥黄汤。冬天夜里一上冻，路面又硬又滑。早上九、十点钟的太阳一晒，路面立即解冻变得腐烂。风雨寒冬，外面的物资进不来，村子里所有的收成都运不出去。不要说考出

抗震照片

指挥四川绵竹抗灾工作

去的大学生不愿回乡,就连外出打工的中青年农民,有一点办法在外地待下来,再也不愿意回来。村庄里比过去还要萧条。回头我立即找到县乡两级干部,提出与政府一起出资帮助这个村修路。

不久,我出资的部分提前到位,然后派公司的工程队进来,铺了五十几千米的水泥路和柏油路,3米宽,对接县乡公路,顺着村庄通到每一家的门口,实现了"户户通"。路通了之后,村里的一位曾在新中国成立前做过私塾先生的老人,激动得老泪纵横,在路上来来回回整整走了一天,说没想到自己能在有生之年看到这四通八达的景象。路,就是盼头啊,这下家乡可以活起来了。

围绕家乡,我开始做更多的公益。几十年前我满怀憧憬走出这里,几十年后我又满怀深情回到这里。对他乡的憧憬,化为对故乡的憧憬。此情一点也不淡于彼情。

有史以来,苏北的"滨、阜、响"就是贫瘠之地,但这块贫瘠大地上创造的历史,绝对不贫瘠。这里是著名的革命老区,陈毅将军等率领的新四军,在这里得到了人民群众的拥护和支持,建立了名闻遐迩的赫赫奇功。我的父亲作为新四军的一员,一直以自己是老区人、是革命中的一员为骄傲,多次提醒我关注老区。在他的建议下,我捐资100万元给中国新四军研究会,帮助整理新四军事迹,弘扬老区精神。

从老区走出去的文臣武将、大师巧匠,不可胜数。大家走出来了,也无不牵挂故乡的发展。我尊敬的老乡好友、曾在南京大军区任司令员的朱文泉先生,对我们说了一句几乎让所有在外的老乡顿悟的话:走得出来没有什么了不起,一方水土养一方人,那是故乡养育我们的结果;走得回去才是真正的了不起,闯荡成功的游子反哺故乡,报答恩情,才算成就了完整的人格。朱先生身体力行,退休后有了富余的时间和精力,带头为他的老家响水县筹措教育发展基金。老乡们听到消息后很感动,纷纷加盟。朱先生认为要改变家乡的落后,出人才是关键,而出人才的关键是本土教育事业的振兴,是优秀的教师愿意留下来,最好外地的优质师资也愿意流进来。我赞叹朱先生的

第八章　长路与远方

长远眼光，崇敬他的这份大爱，积极地跟进这项事业，先后分三次向响水中学捐资共510万元现金，帮助建设和发展当地这所最好的中学。

受朱先生的感召和启发，我把自己的热情和关爱聚焦到教育，投注到下一代身上。在老家滨海坎北乡，当我听说隔壁有一个村，小孩子上学要走十几公里，到乡镇集中点上学，我马上与县领导和教育部门沟通，帮孩子们就近建设小学和幼儿园。后来我投入380万元，建成一座全日制的小学和幼儿班。学校里电化教室、篮球场、田径跑道一应俱全，完全按照基础教育现代化标准配置到位。我把它全部建成、验收合格，可以正常招生办学后，一揽子交付给当地政府。地方政府和老百姓很感动，给学校取名字叫"国家希望小学"。我听说后，建议改名，因为这个名字太大，又跟我的名字一样，我觉得很不合适。在我的坚持下，他们就改了学校的名称。这让我心安了不少，觉得这样才算完美做成了一件好事。

我的好友中，每年都有奔赴新疆、西藏等边远地区，参加援疆援藏工作的干部和专家，他们的奉献精神也深深感动着我。21世纪初，我的忘年交好友、年轻的省委干部丁捷，放弃担任国企领导的优越条件，去边疆工作。我去边疆访问，他向我介绍边疆教育、文化事业的重要性，以及资源的匮乏情况。回来后，只要在媒体上看到边疆的报道，我的心里就会涌上一种莫名的感情。此后，为边疆地区捐资助学成为我的心之所系，我先后捐资120万元给新疆的希望小学，还资助了几十名贫困学生，解决了他们的上学费用。

在南京的偏远县区高淳、溧水等地，只要听说有上学困难的孩子，我就毫不犹豫地给予相助。我特意跟民政部门挂钩，以及时获得准确的求援信息。其间，资助人数最高的时候，同时有37个家庭困难的孩子，资助跨度从小学一直到高中毕业。这类捐助到现在累计也有两三百万元了。南京市慈善资金我一次性投入2 500万元，每年这笔款项大概有200万元的利息，可以交给慈善总会，对聋哑人教育、特困生助学等慈善事业进行帮助。

我这个人心软，本质上又多愁善感，见不得孩子受苦，望不得他们无助的眼睛。慈善会曾组织爱心企业家与受助孩子见面，看到孩子们，我立即联

沧桑风度

想到自己的童年时代，眼泪止不住往下流，话都说不出来了。别人就对我说，老于啊老于，你一个大男人、大老板，眼泪稀里哗啦地淌，这么经不住场面，怎么得了，差点让人家的活动进行不下去啊。从此，我不再跟这些孩子见面，心里对他们的惦念却更加强烈。每年民政部门会转给我资助人的情况，孩子们需求多少学费，每年家境变化情况如何，受资助后学习成绩怎么样，现在还需不需要帮扶了，等等。我最幸福的时刻，是哪个孩子考上重点中学了，哪个孩子考上211、985大学了，哪个孩子得到大奖了，哪个孩子的家庭已经脱贫了，这些消息，带给我的是一阵阵温暖和自豪，爱心可以兑现多少的快乐啊！没有什么回报比爱的回报来得干净，来得幸福，来得有价值。每次得到孩子们的好消息后，回到家里，我都要召集家人，特别是儿孙们，一起吃饭，并喝上两杯小酒。如果不是什么节假日，我爱人只要接到我的电话，吩咐召集家里的孩子开家宴会，就知道一定是我们那些"外面的孩子"有喜事了。

　　受我的影响，现在我的儿孙们也一起加入了爱心活动。我的三个孙子、孙女从小就懂得聚集他们的压岁钱，然后一笔笔捐给边远地区做帮扶。孩子们也都知道，他们做的献爱心的事越多，爷爷就越高兴，爷爷一高兴，压岁的红包就越厚。

　　自己、他人、家庭、企业、国家是一个利益共同体，其中任何一方发达了，都会惠及另一方；任何一方的善心善举，也会感召另一方。风雨同舟，荣光共享，我们是一个无法分割的整体。大地集团受惠于国家，助力于社会，协心于众人，承担国家使命、社会责任和奉献博爱，理所当然。我个人作为"一介匹夫"，作为与他人、与家庭、与社会、与国家关系纽带上的一个环节，怎能不把爱、义务、责任、使命牢牢扣紧呢？"士不可不弘毅，任重而道远。仁以为己任，不亦重乎？死而后已，不亦远乎？"这是我的人生信条，也是我努力践行的人生的远方和生命回归之道。

捐助革命老区教育————江苏省响水中学

2015 年端午节慈善活动

四十

因为一次长途劳顿后的休整，因为在上海的几天亲人们无微不至的关心，我的壮志人生似乎渐渐被温情人生所取代。尽管这些年回乡的频率增加了，但大多是为了慈善事业，匆匆来去，从来没有一次像这样，围着老宅走了一圈又一圈，在"水围子"旧址边，在村头地里，在餐桌边，在亲戚、乡邻中，慢慢地重温童年，细细地回忆往事，絮絮叨叨谈着故人，天南海北地拉着家常。

我在老家整整待了3天。最后一天，在离开前，我顺着老宅向西南方向，在田野里走了一程。春耕秋收，桑田翻覆，我无法准确地寻找到妹妹沉眠的地方。我茫然地站在田野中，眼泪止不住地往下流。妹妹在我的怀中是那样的冰冷，我没有能够用羸弱的身体把她焐热，我无助的哭声，没有能够把她唤醒。

一晃，60多年过去了，我曾经以为她停留在故土，从未离开；我从这里出发，走遍天涯海角。可时空两隔，她托给我的梦，却有如此宏大的穿透力，越过万水千山，越过数万长夜，落进我灰白的鬓发，进入我的脑海、我的心间，叩响了我的灵魂。

我在田野里跪下。妹妹在我膝下的大地里，一定能听到我的心跳，我的心音。我要把我这大半生的风风雨雨、酸甜苦辣向她讲述，我要把她生命中缺失的阅历和爱一一给她补上。我轻声地呼喊着妹妹，告诉她，我要把自从她离开这个世界、离开我们之后，所发生的一切，写成一部厚书，明年回来，烧一本在这里，把带着亲人体温的每一个字，传递给她。我更要告诉她，我这个年龄，肩膀上放下了多余的负担，心灵里放下了不必的偏执，情感里放下了曾经的浮沉，脚步中放下了太远的前行。在余下的生命里，我要走进人生的新地——回归，回归亲情，回归雅兴，回归自我。

我相信，如果妹妹在天有灵，这一定也是她真实的愿景。

从老家回到南京后，我立即召集一大家子一起吃饭。在饭桌上，把回乡的所见所思，一一陈述给他们听。也把自己要逐步淡出事业、做人生的回归的想法，跟他们敞开心扉，明确说了出来。爱人很感慨，孩子们很感动，一起为我鼓掌，表示理解和支持。

席间，我还真诚地对家人做了一番感恩。

我感恩我的祖先，是他们把于家优秀的血脉传给我，是他们积淀的厚重文化，让我具备了能从偏僻的故土上起飞、能在大地上盘旋、在大海上搏击风浪的力量。

我感恩父母。他们都读过私塾，是生活在最底层的"文化人"，含辛茹苦地把我们兄妹4人养大成人，培育成才。他们在颐养天年的日子里，从不以儿孙有出息而居功自傲，从不给我们、给社会添任何麻烦。在我决定为新四军研究会捐款的时候，父亲这位老新四军极力倡导和支持我，还拿出了多年积蓄的一笔钱，加入了捐助款项。而我的母亲，在田头地里劳碌了大半生，双手裂成了千百道口子，皮肤粗糙得像苍老的大树。然而，就是那双写满劳动沧桑的手，这么多年来，每天都抱着的，不光是孙子孙女，还有慈悲善良的信念，默默地向我们传递着大爱大欢大慈悲的力量。她最后的时刻，安详而又宁静，在亲人的注视里，轻声细语地说了一些关怀大家的话，然后告诉大家，自己先睡一会儿，就悄无声息地长眠了。不知道为什么，这么多年，母亲离世的情景，留给我的，不是那么悲痛，更多是一种美好、圣洁和温暖。母亲告别世界的情境，给了我一次心灵的超度，一次生命观的升华。长辞可以不必撕裂，死亡也能超越冰冷。对正在迈向老年的我，这是一种多么及时的力量补给啊。

慈祥的妈妈

第八章 | 长路与远方

我感恩我的妻子。40多年前,她以城镇"名门子女"之贵,毅然结缘于我这个农民子弟,下嫁身份卑微的"泥瓦工",从不会洗菜的"局长千金",变成事必躬亲的"家务总管"。她是老一代的高中毕业生,如果不是为了让位于我的事业,默默无闻地做幕后英雄,那她有可能成就的事业,一定不在我之下。我之所以这么多年,无论面对怎样的困难,经受怎样的打击,我都能够迎面而上,屹立不倒,是因为我背后站着她,她温情脉脉的鼓励,无微不至的照料,让我随时可以修复受伤的心灵,康复受累的身体。她跟着我漂泊海南,在我生命的危急时刻表现出来的巨大的爱和勇气,令我由衷地敬佩,终生难忘。她是我人生、事业中永远的配角,每到播种季节,她便劳劳碌碌伴随在我身边;而到了收获季节,当我事业顺当、满载荣誉的时候,她从不肯在我的任何社交场合出现,也绝不去大张旗鼓地张罗什么庆祝活动。当我在海南吃苦时,工地上几乎每个兄弟都认识这位"嫂子";而当我回到南京,走上领导岗位,担任国有大地集团的领导和改制后的大地集团董事长后,公司几乎所有的同事,都没有见过他们的"董事长夫人"。在亲朋好友眼中,她是几十年没有任何变化的"家庭主妇",只是从妻子角色变成了母亲、奶奶等多重角色。

她也是一个文艺爱好者,每当有好的图书和电视剧,她先看完后,总是选择我的某一个事业空挡、某一种情绪高峰期,及时推荐给我看。《汉武大帝》《大宅门》《乔家大院》这些长剧,她都看了两遍,并不是她的时间多得没处用,而是她看完了觉得这些作品能够励志励情,能够给我的人生增加一种动力或者清醒力,一定让我要抽空看一看,于是她陪着我看。在我遭遇改制风波的那两年,她陪着我看《大宅门》,告诉我自古创业艰难、守业更艰难,对自己选择的路,不能后悔,不能退缩。负重而行,是男人的本分。而到了这几年,她向我推荐路遥的《平凡的世界》,向我讲作家路遥自己的人生,暗示我取得一定成就、到了一定年龄后,再要强的人生也应该进入"缓冲期",进入心灵的平和和生活的宁静。

每当我在沉思中回顾自己的人生,为自己的奋斗和成就感到满意、满足时，我都会深深地慨叹：如果我不谦虚地给自己的人生打个分，我想起码应该是90分，要问怎么能拥有这样的高分，是因为我拥有了更高分的生命伴侣，她是我百分百的支持和温馨。从某种意义上讲，她也是我人生的一位智慧的"导师"，更是情感的"知音"。

我感恩我的子孙。两个身材高挑的儿子，是我的骄傲，他们也以父亲为荣。两个儿子长得都高出我一头多，学历都高出我几个层次。大儿子一米九的身高，研究生毕业，目前接过了我肩上的全部担子，担任大地建设集团的董事长、党委书记，今年换届又当选董事长，开始踏踏实实，全责全力，稳步带领企业经营发展。小儿子一米八的身高，留英硕士，博士在读，两门外语运用自如，作为省委组织部的调干生，从村干部做起，历任镇书记、副县长，现已调回南京任职。他曾负责筹划、撰写南京市承办的一些大型会议甚至国际性活动的方案。有一次，35万字的稿子，半个月就出色地完成了，一稿通过，受到市领导的好评。他的文采，他的思辨能力，远在我之上。他们是我的骄傲。

儿子带给我的欣慰，比什么都宝贵。"一个人自己成功不算成功，一个人自己不成功，教育子女成功也是成功。家庭不成功，你就不算成功"，这是我的父亲，生前谆谆教诲我的一句话。在创业的年代，虽然我疲惫不堪，但无论到哪里去闯荡，我都将两个儿子带在身边。闯深圳、闯珠海、闯海南，四海辗转，拖儿带妻，孩子从幼儿班到中学，大儿子转了6次学，小儿子转了5次学。不管多么折腾，我不厌其烦，肩上扛着，怀里抱着，从未松手。这样无形中，也达到了"言传身教"的教育目的，从小到大，两个儿子每时每刻，都能看见父亲奋斗和爱的身影，所以他们都很争气，一路"三好"，以出色的学业，长大成才。

父子之间良好而亲密的感情，温暖了我的人生。我认为，教育过程中，不能护短。老家有教育小孩比较经典的一句话，"一管一护，到老不上路"。当年父亲的教育方式，奉行的是棍棒底下出孝子。父亲打完我们以后，一定要跟我们讲道理，让我们思想上不通也得通。但我觉得父亲打我们打得太多，

第八章　长路与远方

有时候下手也比较重。他是在老私塾里形成的教育理念，理解的"言传身教"，言传就是训斥，身教就是体罚，两者缺一不可，交叉运用。我的教育方式比父亲婉转，以说理为主，偶尔体罚一次，针对孩子身上的顽疾，棍到毛病除。但棍棒之后，少则半个小时，多则半天，我要与孩子促膝长谈，直到发现孩子真正口服心服，理解了我的良药苦心。一直到现在，孩子们都老大不小，自己都当爸爸了，我们还维持着每周交谈两三次的习惯。工作上的事，生活中的梗，甚至如何写文章，如何作报告等等，都会在一起探讨。孩子们真心地尊重我、信服我，我在传授中也向年轻人收受不少，真有一种多年父子成兄弟的美妙感觉。

我的儿媳妇，都是普通百姓家的孩子，在做好本职工作的同时，相夫教子，其乐融融。两个孙子、一个孙女，现在是我最快乐的源泉。他们是我们的掌上明珠。这里最有趣的还是我的老父亲，小时候我们受教育的时候，他奉行棒打出孝子，说我们"三天不打，上房揭瓦"。可后来对孙子辈、对重孙重孙女，孩子们闹翻天了，骑在他头上，他都笑眯眯地护着。我就佯装批评他"没原则""两样心"，他老人家就丢给我一句话："自古有言，麻绳扎口袋，一代管一代。我只负责跟他们玩，管教的事，隔代长辈没权利没义务。"你奈何得了他老人家啊。不过，老人家有一点从不糊涂，就是强调读书。我经常看到他和孩子在一起看《大头儿子小头爸爸》《熊出没》这些童书，有时候还为书中的内容，跟孩子争论得面红耳赤。那场景，说实在的，不要太美啊。

我感恩"大地"的同事，感恩所有的亲朋好友。我也有好多的师父、同事、兄弟朋友。商务来往中，底线和原则是要有的，因为人是有私心的，我也不可能是一个毫无私心的圣人。在不损害国家和公司的利益前提下，同等条件，我力所能及地照顾好他们。有时候朋友或老乡找我照顾他们的生意，方便帮的我一定会帮，不方便帮助的我会解释清楚，我生怕伤害别人的自尊。我当上集团董事长之后，难免隔三岔五遇到借钱的朋友。只要确实有困难，我从来不吝啬。如今算起来，那些借出去的几百笔账，超过3年、5年甚至10年未还的，有几十笔之多。少数借债人确实仍然处在困难中，我从来不去催人家还。有的朋友也伤害了我，拿到钱之后就不再提还的事，甚至躲避我，在背后栽赃我。比如2009年，有位朋友说有紧急困难向我借300万，承诺两个月就可以周转过来，如数还上。结果，第一天钱拿走，第二天起就再也没有音信了。有一次在街上迎面碰上他，他竟然装不认识，掉头就快步走开。我站在那里好一会儿都没回过神来。这世界怎么了，这人心怎么了？但事后我还是放下了这种纠结。回头认真地反思与人交往中自己身上的问题。自己是不是也好大喜功，喜欢别人喊一句"大哥"，送上一副笑脸，敬两杯寒暄酒，说几句奉承话，然后就飘飘然，觉得可以上九天揽月，下五洋捉鳖，对有些不必承担的朋友事务，大包大揽起来。我们这一代人身上的通病，我都有。好面子，在人情世故面前，拉不下脸，缺少理性，经常办爱憎不分明的糊涂事。既受用笑脸，又看不得哭脸，别人笑着伸手、哭着求援，都抵挡不住。有时候有能力、有心力，偏偏缺少眼力。说到底，人分三六九，品格有高下，自己看不清，还得从自身找原因。这样一想，马上释然，反而觉得，交友失败，也是人生的成功之母。那些遗憾的相处经历，一旦成为过往，回过头来看，同样值得感恩。

当然，更多的朋友那投之以桃、报之以李的品格，给我带来了不少人际正能量。众人拾柴火焰高，我自己的成长、成才、成功，也凝聚着亲朋好友们和同仁们的关爱。那些向我伸出热情无私的大手，握着我人生的关节，支撑着我生命脊梁的种种记忆，充实在我的情感深处，源源不断地为我补给幸福源泉。

四十一

退休还可以让我回归我一生痴迷的文化雅趣。

童年的一件事，触发我在身上埋下了文物收藏雅趣的种子。记得那是

第八章 | 长路与远方

1969年我在上小学的时候,有一天老师布置我们带着锤头、铁棍等,挨家挨户去破"四旧"。我们当时还不知道怎么判定"四旧",布置任务的老师就说:凡是你看到的盘盘罐罐啊、缸啊、盆啊什么的,上面有雕龙画凤图案的,全是"四旧",见一个可以砸烂一个,毫不留情。我提着羊角锤子,闯到一户人家,看到他家有个雕花的柱形小容器,这个东西不像碗又不像花瓶,陶瓷面壁上画着龙和凤,我不知道这是什么,但按照老师教的方法,判断这就是一个"四旧",举起锤子就砸。一锤子下去,没砸准,拿起来仔细看看,发现很好看,就没舍得砸。东西的主人用幽怨的眼光看着我,说,孩子啊,旧东西不一定就是坏东西,你看是不是很漂亮啊,你不要砸坏它,我送给你,你可以藏起来慢慢玩,长大了你就知道它是老祖宗留给我们的好东西了。

于是,我把东西套在羊角锤上,扛回家了。到自己家院子里,把锤子和这东西往地上一摔,幸亏是落在松软的沙土地上,东西没摔碎。父亲正坐在院子里看书,那东西在地上滚了几个滚儿,咕噜咕噜地好像活了一样,一直滚到父亲的脚边,才停下来。父亲捡起来,问:这是从哪里来的啊?你们今天干什么去啦?我很开心地和父亲讲起老师带我们去破"四旧"、立"四新"的事情。父亲还不甚明白,说你们这些毛孩子,知道什么是破"四旧"啊。我就得意地告诉父亲,老师已经教过了,有龙有凤的,有穿袍子古人的,就是"四旧",都要砸掉,我们今天已经去了几家,扫荡出不少东西,明天同学们还要到我们家来扫呢。我们家也有好多啊,都应该砸掉。

父亲马上明白了,叹惜道:"小子啊,你们在造孽啊!这些都是老祖宗留下的财富啊!怎么能够砸掉呢?好好的东西为什么要砸掉呢?"

我继续和父亲争论:这些都是"四旧"啊!这些都是坏东西,我们要立"四新",这些"四旧"全要砸掉,老师讲的!

父亲不跟我争辩,把我喊到身边,就着我带回来的东西,耐心向我讲解说,这个东西叫笔筒,是文房四宝之一,用来装毛笔的。一个装毛笔的瓷器,上面也没写什么反动的话,没画什么下流的画,有什么罪过呢?接着,他就讲了这个笔筒的来历,说这件东西的年代应该是清朝的,清三代的东西,上

沧桑风度

面的图案也很精致，龙和凤是中华民族的吉祥象征物，是劳动人民创造出来的生命，很美，也很有精气神。这样的笔筒，里面有历史、有文化、有艺术，还有一定的实用价值，多么珍贵。你们砸这些东西，是破坏文物，才是真正的罪过。

父亲就着这个笔筒，好好给我上了一课。

我当时似懂非懂，但从此对文物有了几分敬畏，尤其对笔筒有了特殊的感情。后来，不管到哪里，只要看到笔筒，都会唤起童年的记忆，唤起一股特殊的感情。那个笔筒，我一直随身带着，收藏至今。前几年经专家鉴定，竟然是货真价实的清三代皇宫御用笔筒，价值不菲。也是这个笔筒，开启了我收藏笔筒的兴趣。迄今，我收藏的笔筒和其他杂项数量相当可观，其中一定量的精品笔筒是我的至爱。从那个幸免被砸的笔筒开始，笔筒承载着我童年的文雅启蒙，有着特殊的意义，它们未必是我所有藏品中最贵重的，但笔筒对我个人而言，绝对是最有价值的珍宝。

真正开始大量收藏笔筒，是到了南京工作后。那时每月有了三十几块钱的工资，扣除18块钱的基本生活费后，余下的我基本都用在文化生活上，买书，买收藏品。

南京有个堂子街旧货市场，是我20世纪七八十年代利用节假日"淘宝"的去处。有一阵子痴迷得不行，每个休息日风雨无阻、雷打不动出现在那里。我的师父感到奇怪，说这小孩一向是个工作狂，怎么最近一到周末就像丢了魂似的，往街上跑，连加班都不肯了。的确，为了腾出周末时间，我简直是费尽了心机，编织了各种理由，不是"会朋友"，就是"头疼脑热"。理由用完了，就跟师父商量，能不能把活儿包给我，时间由我自己掌握。师父听了，很生气，因为大部分是班组、团队的活儿，一个人单独是干不了的，只有扛水泥、筛黄沙等粗活儿是可以一个人干的，但那时候我已经不在这样的工段位了。师父问我是不是在谈恋爱，他知道我已经结婚，老婆在盐城，严厉地警告我不要犯生活错误。他故意答应我的要求，然后布置了极重的工作量，让我把仓库里的水泥全部搬到水泥台上，再盖上。600包水泥，20包一吨，

第八章 | 长路与远方

我一个人一直干到凌晨三点钟，硬是把 30 吨水泥全部扛到位。第二天师父来了，呆住了，好一会儿说不出话来。后来，他逢人就说，这小于是个疯子，也是个金刚，扛水泥包，一人一天的工作量是 150 包，他居然干 4 个人的量，这是什么鬼使神差的动力啊！

什么鬼使神差的动力呢？我后来老老实实向师父交代了，就为了第二天能到堂子街淘宝。师父一听，差点惊掉下巴，说你这样不要命地干活儿，居然是为了费钱费时间买那些破烂？小于啊，你脑子是不是进水了，或是上什么人的当，被小鬼蛊惑了吧。

我告诉师父，我真的是太喜欢收藏笔筒了，说起来话长呢。师父哭笑不得，但此后还是很关照我，尽量每周让我在完成工作总量后，有一个完整的休息日，可以去"淘宝"。就这样，在生活还很拮据的 1974 至 1985 的 10 年间，我淘到了一些文物笔筒，其中不乏精品。那个年代，人们还算单纯，还不怎么弄虚作假。有时候淘到"明清文物"，即使是假货，也是先人做的假，至少是民国时期的仿品，工艺也十分精致，值得玩赏，因此也有一定的价值。

后来，我感到南京市场上心仪的好笔筒都被我淘光了。我开始到周边城市去寻找，东往常州、无锡、苏州，南向安徽马鞍山、巢湖、寿县、黄山脚下的歙县，北去古城扬州等地。那时候毕竟工资有限，工作压力大，迷上收藏，就更辛苦了。5 块钱的火车票可以到芜湖，这也舍不得花呀，于是骑上自行车，买 6 个烧饼，用报纸包上，绳子一扎，在自行车龙头上挂个黄书包，口袋里带上四五十块钱，出发。口渴了，就到沿途路边的水塘，像牲口一样趴着喝水，顺便洗洗脸，就这样去淘宝。还记得凌晨两三点钟出发，一路骑过去，到芜湖 80 多公里，为了保证到市场有足够的时间寻宝，中途几乎不能休息。到了目的地，一头扎进人堆。看中东西，讨价还价，一直忙到下午四五点钟，到了收摊时间，喝点水，再蹲在地上吃两个烧饼，然后骑自行车返回，来回 160 公里。还有一次骑车去寿县，270 公里，简直就是血拼啊。回到南京，腿档的布都磨破了，屁股渗出了血，人直接就累趴在床上。但东西摊在床前，心情特别愉悦，看看这个，再看那个，美滋滋地进入梦乡。

1988年7月海南通什度假村和师父合影

第八章 | 长路与远方

我在皖南一带淘到两三百个自己喜欢的笔筒,大部分都是木质的。在苏州观前街前面的一条街巷里,我淘到了郑板桥竹制的笔筒,上面雕刻着竹子,竹筒老化得已经不能使用了,浮雕也破损不少,但画面透射出来的风韵,还是如此的清新生动。我把这件作品用玻璃罩起来,小心地保存着。被派到南方工作后,淘宝生活就没这么辛苦了。作为带队经理的工作配置,我有一辆面包车,自己开着,平时检查工地,拜访客户,拉点零碎物资,方便多了。偶尔,到了节假日,我也可以开着它去广州等地的旧货市场淘宝。那时我的工资加上补贴能达到240块钱,算是较高收入人员,每月可以拿出100多块去买笔筒。

几十年来,收藏几乎成了我的第二事业。我在其中不能自拔,所付出的艰辛不算少,获得的慰藉也很大。对我来说,收藏也有很多很多的小故事,随着岁月的流逝,成为我个人的佳话,一一"刻录"在这些天南海北、古往今来的品件上。什么是"众里寻他千百度、蓦然回首,那人却在灯火阑珊处",什么叫"踏破铁鞋无觅处,得来全不费工夫",我读的那些古诗词,所表述的那种精彩的意境,往往在寻宝生活中豁然开朗,虚实印证。

我记得有一年春节到苏北一位朋友家拜年,一进门就看到条桌上摆着一个青釉的笔洗。拿起一看,品相非常好。这是朋友奶奶装针线工具的器皿,针线包、锥子、剪子等放在里面。朋友不认为是什么好东西,以前是奶奶喂猫用的,后来洗洗,做了针线包。这是一只口径为25厘米的大笔洗,朋友见我感兴趣,就一定要送给我。我告诉朋友这是个有价值的东西,朋友哈哈大笑,说:难道能值上千块钱吗。我说,再放一些年,说不定上万都有可能。那是1991年,事后我给了朋友2 000块钱,朋友怎么也不肯收,说这简直是一笔巨款,太多了,实在要给,最多给200块就行了。我坚持让朋友收下,因为这是我的心理价位。2 000块钱在当时是蛮多的,但比不上我从中获得的愉悦,比不上这个东西承载的历史和友谊的价值。

经过几十年的用心积累,我收藏的笔筒数量和种类都很丰富了。这些笔

沧桑风度

筒，个头大的像水缸，个头小的如针管，大大小小，形态万象。按材质分有植物类的、矿质类的、金属类的、陶瓷类的、骨骼类的，等等。这里面木质的笔筒最多，紫檀、黄檀、桑树、槐树都有。最好的是楠木，其次是小叶紫檀、再次是黄花梨。还有从埃塞俄比亚、肯尼亚、莫桑比克等地带回的黑心木头。金属类的有金、银、铜、铁、铝，基本上都有落款、题跋，有好多带有名家题签。矿物质类的以水晶居多。数量上最多的当属陶瓷类，最古老的，是刚刚有笔筒的三国晋代时期的作品，像笔洗一样的器型，青釉质地，专家鉴定认为价值不菲。动物骨骼类的，以象牙居多，还有犀牛角、虎豹骨甚至人骨材料的。以前到肯尼亚、莫桑比克等国，动物类的印章、文房四宝到处都是，笔筒大概10美金，一双象牙筷，一般10到15美金。象牙是弯的，心里还想做筷子得浪费多少材料啊，非洲人真奢侈啊。后来才知道，他们也不浪费，余料还可以做成项链珠子等细料首饰。那个时候世界上对此类东西控制不严，我们也缺少那种"没有买卖就没有杀戮"的现代文明意识，每次出国，都会带回来两三件。等后来明白了，就不再去购买这类东西，海关也开始查禁。如此一看，这类笔筒倒是越发珍稀了。

我这个人，别人看来只有工作的时候，才会热情似火，大多数时候似乎性情寡淡，不爱运动，不爱娱乐，对打牌斗酒，也很少参与。谁能知道，就是这些艺术藏品，给了我像黑炭一样的性格，在平静甚至冷淡、疲倦的皮肉下，点燃着雅情雅趣的文火，只要生命在一天，恐怕都不会衰弱和熄灭。今后，我想用更多的时间来整理这些宝贝。我也藏有一些艺术性高的字画。这么多年，通过研究笔筒上面的书画，我逐渐对各种类型的字画也有了一定的兴趣和学养。从对字画的兴趣，又延伸到以文会友，结交了许多文化艺术界的朋友。我收藏了他们的一些精品，同时也在他们的引导下，收藏了江浙一带的艺术前辈大师的作品。

有生之年，我要启开尘封，让它们伴随着我的心情，到阳光下展开，晒出墨香，晒出热度，晒出生命的光泽。

在非洲毛里求斯考察

沧桑风度

不过，遥望未来，我想人也是大千世界之一物，一物只能暂时拥有另一物，所有的东西，终将被时间交还给世界，各得其所。我再热爱自己的藏品，将来不管流传多少代，它们终究还是社会的共同财富，是大自然的最终归属。它们的价值不在于能值多少钱，不在于能不能永远在我和我的子子孙孙手中，而在于它们是文化艺术的记录者，是人类文明的见证者，是个人与时代互相传递感情的美好中介。万物有灵，人与物彼此陪伴，真心相处，生生不息，是为值得！

获得这样的心态，算不算一种有意义的回归呢？

在接下的半年里，我一边写作这本自传，一边安排交接工作和整理自己心爱的文化收藏，一边更多地与家人和好友聚会，走进这热气腾腾的人间烟火。

当我摘下老花镜，写完这本书，从我人生的文字河流里起身，走出记忆，走回现实，站立到窗前，透过大地大厦的玻璃窗，目光在这高楼林立、霓虹闪耀的烟火人间畅游的时候，我的心跳声踩着了一种轻松的鼓点，铿锵可闻。我仿佛看到小妹长了一双翅膀，如天使一般飞来，她的脸上渐渐红润，终于开颜。她笑着向我挥挥手，消失在万家灯火中。

这次，不是在虚幻中，是我真实人生凝结成的意志思想与愿望的美好成像。

立刻，我的心充满了爱、祥和与感动。

2021年12月完稿于南京华侨路·大地大厦